essentials

Claus Tully

Jugend – Konsum – Digitalisierung

Über das Aufwachsen in digitalen Konsumwelten

Claus Tully
Grassau, Deutschland

Das vorliegende Buch basiert auf der für das Bundesministerium der Justiz und für Verbraucherschutz erstellten Expertise „Junge Verbraucherinnen und Verbraucher in Deutschland – Verbraucherpolitische Herausforderungen" von 2017

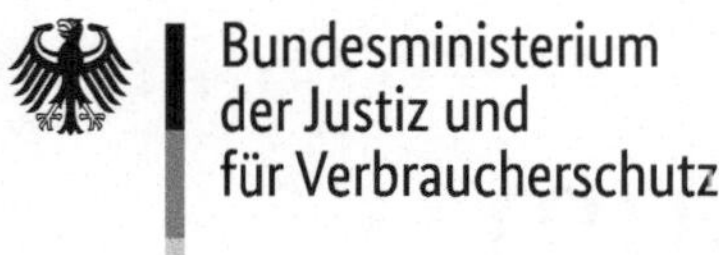

OnlinePlus Material zu diesem Buch finden Sie auf
http://www.springer.com/978-3-658-19220-4

ISSN 2197-6708 ISSN 2197-6716 (electronic)
essentials
ISBN 978-3-658-19219-8 ISBN 978-3-658-19220-4 (eBook)
DOI 10.1007/978-3-658-19220-4

Die Deutsche Nationalbibliothek verzeichnet diese Publikation in der Deutschen Nationalbibliografie; detaillierte bibliografische Daten sind im Internet über http://dnb.d-nb.de abrufbar.

Springer VS

Gedruckt auf säurefreiem und chlorfrei gebleichtem Papier

Springer VS ist Teil von Springer Nature
Die eingetragene Gesellschaft ist Springer Fachmedien Wiesbaden GmbH
Die Anschrift der Gesellschaft ist: Abraham-Lincoln-Str. 46, 65189 Wiesbaden, Germany

Vorwort

Das vorliegende *essential* basiert auf der für das *Bundesministerium der Justiz und für Verbraucherschutz* erstellten Expertise „Junge Verbraucherinnen und Verbraucher in Deutschland – Verbraucherpolitische Herausforderungen".

Der Autor Prof. Dr. Claus Tully wurde unterstützt von:
Dr. Gerd Paul (SOFI)
Dr. Erik van Santen (DJI)
Elisabeth Dienel (Stud. Hilfskraft).

Inhaltsverzeichnis

1 Inhaltliche Zusammenfassung und Thesen zum Untersuchungsgegenstand: „Aufwachsen und Konsum" 1

2 Einführung: Anlässe, das Thema „junge Konsumenten" zu thematisieren 7

3 Befunde zu Jugendlichen und jungen Erwachsenen 11

4 Junge Verbraucher 15
    4.1 Was Jugend ausmacht 15
    4.2 Verschiebungen und Revisionen des Jugendalltags 16

5 Aufwachsen und Aneignung von Alltag 25
    5.1 Gesellschaftlich vorgegebene Veränderungen: soziologisch verortet 25
    5.2 Digitalisierung übersetzt sich in Kommerzialisierung 26
    5.3 Generationstypische Umgangsweisen 28
    5.4 Jugend und Markt 31
        5.4.1 Medien und Konsum ab den 1960ern 32
        5.4.2 Gesellschaftliche Inklusion durch Konsum und digitale Kommunikationstechnik 34
        5.4.3 Digital, autonom und clever konsumieren 35
        5.4.4 Im Netz clever konsumieren 35
        5.4.5 Mögliche Revisionen im Konsumverhalten 38

6 Konsum und Hilfen im Dienste der Konsumentensouveränität 41

Literatur 47

Inhaltliche Zusammenfassung und Thesen zum Untersuchungsgegenstand: „Aufwachsen und Konsum"

Die nachstehende Betrachtung zu jungen Verbraucherinnen und Verbrauchern rückt Befunde zum Konsum im Alltag Jugendlicher und junger Erwachsener in den Blick. Dazu werden vorliegende Jugendstudien und aktuelle jugendbezogene Untersuchungen und Veröffentlichungen gesichtet, um in geraffter Form aktuelle Entwicklungen darzustellen. Mit der Entwicklung der I&K Medien hat sich die Art und Weise zu konsumieren verändert. Dies betrifft die Beschaffung von Produktinformationen und die Möglichkeiten der Auswahl von Angeboten, aber auch den Kaufakt selbst. Produkte können beispielsweise auf individuelle Bedürfnisse hin konfiguriert und online bestellt werden. Klare Fahrpläne und Regeln für den Konsum sind in der modernen Gesellschaft eher die Ausnahme. *Junge Konsumenten, also Jugendliche und junge Erwachsene* gehen mit einer riesigen Angebotsfülle um und bauen die ausgesuchten Produkte in ihren Alltag und Lebensstil ein. Über die Welt junger Verbraucher und Verbraucherinnen[1] nachzudenken macht Sinn, weil Konsum heute größeres Gewicht hat, wenn es um die Integration in die Gesellschaft geht. Im Konsum zeigt sich gesellschaftliche und gruppenbezogen Integration und Teilhabe. Früher garantierten Beruf und die Arbeit das Eingebundensein in die Gesellschaft, heute zeigt auch der realisierte Konsum die eigene soziale Positionierung an. In vorliegenden Untersuchungen zu Jugend und jungen Erwachsenen spielen Medien und Konsum eine wichtige Rolle. Die Betrachtung von Jugend ist, wie die Unterscheidung der Lebensphasen Kindheit, Jugend, junge Erwachsene, ein Produkt der Gesellschaft. Entsprechend zirkulieren

---

[1]Zur Vereinfachung der Lektüre wird im Text eine genderneutrale Personenbezeichnung bevorzugt. Im Dienst der Lesbarkeit wird, wenn möglich, auf die Paarform (Bsp. „Konsumenten und Konsumentinnen") verzichtet, es sind immer beide Formen adressiert.

© Springer Fachmedien Wiesbaden GmbH 2018
C. Tully, *Jugend – Konsum – Digitalisierung,* essentials,
DOI 10.1007/978-3-658-19220-4_1

gesellschaftlich erzeugte Bilder von der nachwachsenden Generation unabhängig von den konkreten Lebensumständen junger Menschen. Diese Bilder formen den öffentlichen Diskurs. Beispiel dafür sind die Generation Golf, Null-Bock, Generation ‚X', ‚Y' oder aktuell die ‚Generation Z'. Die zugehörige Sozialforschung (vor allem die Jugendforschung) versachlicht und präzisiert.

Die Digitalisierung und die damit verbundenen Geschäftsmodelle stehen für die moderne Gesellschaft. Damit verbunden sind ökonomische Ziele der Effektivierung, Flexibilisierung und der Erringung von Zeit- und Kostenvorteilen, in deren Dienst Arbeit, Dienstleistung, Märkte, Konsum, Wissensbeschaffung und Freizeit neu gestaltet werden. Obgleich die ökonomische Verselbstständigung aufgeschoben ist (Hotel Mama), agieren Jugendliche und junge Erwachsene ökonomisch selbstständig. Sie leben eigene Stile, kaufen ihre präferierte Musik usw. Das Konsumangebot, das sich an Jugendliche und junge Erwachsene richtet, ist merklich ausgeweitet. Es sind neue Märkte entstanden, die sich explizit an die nächste Generation richten. An der breiten Debatte um die Markenbindung Jugendlicher wird dies erkennbar. Die Kaufkraft der unteren Altersgruppen wird vonseiten der Marktforschung systematisch erhoben um sie „auszuschöpfen". Der Konsum wird symbolisch aufgeladen und es wird eine gelingende Stilisierung des Selbst durch Konsum versprochen. Es entstehen neue Konsummuster. Einerseits gibt es nun e-commerce, e-banking usw., womit Dienstleistungen über digitale Portale zugänglich werden. Die Selbstbedienung nimmt neue Formen an. Die Rede ist von der Koproduktion im Netz, d. h. Klienten sind in der Lage, ihre Anliegen (Bestellung, Zahlung, Verwaltung ihrer Konten) selbst zu erledigen. Andererseits können Produkte personalisiert werden (Stichwort: Customization).

In der Vielfalt an Optionen können sich junge Verbraucher verlieren. Insofern sollten Verbraucher, die über ihre Konsumbedürfnisse reflektieren und verlässliche Informationen anlässlich eines intransparenten Marktes suchen, gestärkt und unterstützt werden und dies bevorzugt kostenlos und über den ihnen vertrauten Medien.

Nachstehend wird – zusammenfassend – entlang von neun Thesen in das Problemfeld von jungen Verbraucherinnen und Verbrauchern eingeführt. Anschließend wird in den Forschungsgegenstand zu Jugend, jungen Erwachsenen und junge Verbraucher eingeführt und aufgezeigt, wie Aufwachsen mit Konsum verwoben ist. Die vorliegende Sekundäranalyse endet – wie eben angedeutet – mit Überlegungen zur Förderung der Konsumentensouveränität unter modernen gesellschaftlichen Bedingungen. Im Anhang (OnlinePlus Material zu diesem Buch finden Sie auf http://www.springer.com/978-3-658-19220-4) findet sich eine synoptische Zusammenschau zu Untersuchungsbefunden aus dem Feld Konsum von Jugendlichen und jungen Erwachsenen.

Zusammenfassende Thesen

These 1: Kommerzialisierung des Kinder- und Jugendalltags setzt biografisch früh ein

Die Kommerzialisierung des Jugendalltags beginnt bereits im Kindesalter und ist umfassend (sie betrifft die Welt der Spiele, der Freizeitgestaltung und der Bildung). Technische Gerätschaften, wie das Smartphone, werden zum Einfallstor für vielfältige Produkt- und Serviceangebote, die die Kinder und Jugendlichen zeitlich nahezu unbegrenzt erreichen, da „online" zu sein unabdingbar ist und entsprechendes Medienhandeln voraussetzt. Die Werbewirtschaft entwickelt hierzu „Konzepte": Solche Konzepte setzen für Kinder beim Frühstückstisch an und erfassen Kleidung, Spielzeug, Videos usw. Ein Beispiel ist die Prinzessin Lillifee (alles pink, dazu gibt es ein Einhorn mit Schleife im Haar), ein Konzept, das zum Beispiel kleine Mädchen (ab eineinhalb Jahren) anspricht.

These 2: Medien und Alltag–spielerisch und situativ

Medien erreichen Jugendliche und junge Erwachsene zeitlich nahezu unbegrenzt. Die Sprache der Medien ist spielerisch, situativ, offen, genau wie der Jugendalltag selbst. Im Netz sein ist unabdingbar. Mediennutzung und aktives Medienhandeln gehören zusammen.

These 3: Konsum ist von eigenem Einkommen entkoppelt

Der Eigenaufwand für den Konsum verändert sich. Ein regelmäßig verfügbares Einkommen setzt den Konsummöglichkeiten der Jugendlichen und jungen Erwachsenen keine starren Grenzen mehr, denn sie haben verschiedene Einkommensquellen (Taschengeld, Alimentation durch Verwandte, Nebenjob, Verschuldung) und können so flexibel die Konsumoptionen gewichten. Sie werden frühzeitig an preissensibles Handeln gewöhnt. Sie sparen nicht einfach, wie Generationen zuvor, nur ‚beim Kauf', sondern sind bereits vor dem Kaufakt produktiv, indem sie Vergleichsportale nutzen, Bauteile, Tarife und Produkte kombinieren, Online-Versteigerungen nutzen, Bonuspunkte einlösen u. a. m.

These 4: Online-Konsum erzieht clevere Konsumenten

Online-Konsumenten sind aktiv und clever. Vorausgesetzt wird heute der „aktive" junge Verbraucher, der online sowohl „clever" aus der Vielzahl der Angebote das für ihn/sie günstigste und den aktuellen Bedürfnissen Entsprechende heraussucht, als auch das „unfertige" Produkt so für sich konfiguriert, dass es ein individuelles, zur Person passendes, wird. Der Konsum ist offen und lädt zur Aneignung ein.

These 5: Multioptionsgesellschaft macht Auswahl komplexer

Allerdings sind die junge Verbraucher sowohl durch die Dynamik der technischen Entwicklung mit den Anschlusszwängen (der Erwerb des neuesten, in immer kürzeren Abständen erscheinenden Gadgets zieht zusätzliche dazu passende neue Produkte nach sich) als auch durch die Vielfalt der Konsumoptionen in einem Orientierungsdilemma: was ist die für mich passende Option, die zu den „angesagten" Outfit- und Lebensstiloptionen passen? Kaufentscheidungen reduzieren nicht die vorhandene Komplexität, indem sie die anderen Optionen ausschließt, sondern halten die Optionalität latent. Die konsultierten Bewertungsportale und die im Netz gefundenen Tipps sind vielfach nicht „objektiv", sondern sie werden von marktdominanten Herstellern beeinflusst.

These 6: Konsumenten entscheiden – Marketing steuert

Marketing greift – so lässt sich mangels ausreichender Forschung vermuten – in hohem Maße in das Konsumverhalten der jungen Verbraucher ein. Zum einen wird, besonders für bildungsfernere Jugendliche, von den Anbietern und nicht von der Zivilgesellschaft, vordeterminiert, was „in" und „out" ist, bzw. mit welchen Konsumoptionen gesellschaftliche Integration möglich ist. Zum anderen nutzt die Marktforschung (durch Auswertung der individuellen Datenspuren und Methoden des „Big Data" Minings mit zielgruppenspezifischen Merkmalen) die Möglichkeit, individuell zugeschnittene Angebote zu machen, die durch zusätzliche Incentives wie kurzfristig eingeräumte Spezialrabatte, Preisausschreiben, Bonus- und Treueprogramme attraktiv gemacht werden. Indem der Einkauf von Waren und Dienstleistungen möglichst zum zielgruppenspezifischen „Event" gemacht wird, wird zusätzlicher Kaufdruck aufgebaut.

These 7: Alternativen zu linearer Trendverlängerung sind u. a. Nachhaltigkeit und Sharing

Generell gibt es eine Minderheit, es sind Heranwachsende mit höherem Bildungsniveau, die für sich Autonomie und Reflexion in den Konsumentscheidungen beansprucht. Dies betrifft sowohl die Bemühungen mit einem „nachhaltigen" Konsum individuell gesellschaftliche Verantwortung zu übernehmen, als auch die Herausbildung von neuen Gruppen wie Veganer, Ökos, „entschleunigt" Lebende und aktive Verfechter anderer, alternativer Lebensstiloptionen.

These 8: Gebrauchen und/oder besitzen

Unter Jugendlichen und jungen Erwachsenen hat ein „ostentativer Konsum" deutlich weniger Anhänger als vor 20 Jahren. Vielmehr nimmt die Tendenz zur „Aneignung von Gegenständen auf Zeit" zu, indem etwa Autos oder Fahrräder für bestimmte Zwecke gemietet werden. (Der Nutzen- bzw. Gebrauchswertaspekt dominiert.) Zudem gibt es eine neue Wertschätzung der Verwendung von gebrauchten Produkten, etwa Kleidung, die als akzeptierte und preiswerte Alternative zum ständig wachsenden, umwelt- und sozialschädlichen Warenangebot gesehen werden.

These 9: Neujustierung der Verbraucherberatung erforderlich
Da junge Konsumenten sich selbst ihre Produktinformationen im Netz zusammenstellen, ist die klassische Verbraucherberatung, die den kostenpflichtigen Besuch der Beratungsstelle oder den Kauf des jeweiligen Test-Heftes nahelegen, nicht angemessen. Die sich überwiegend auf notwendige und nützliche Bedarfsgegenstände beziehenden Produktinformationen über Haushaltsgeräte und Einrichtungsgegenstände sind nur selten für die nach neuesten und „angesagten" Produkten Ausschau haltendenden jungen Erwachsenen interessant.

Mit der rapiden Entwicklung der I&K Medien hat sich die Art und Weise zu konsumieren verändert. Dies betrifft das Beschaffen von Produktinformationen und die Möglichkeiten der gezielten Sichtung von Angeboten, als auch den Kaufakt selbst. Konsumenten konfigurieren vielfach Produkte im Hinblick auf individuelle Bedürfnisse und bestellen sie dann online. Klare Fahrpläne und Regeln für den Konsum sind in der modernen Gesellschaft im Schwinden begriffen. Die jungen Konsumenten müssen mit einer riesigen Angebotsfülle umzugehen wissen und die ausgesuchten Produkte in ihren Alltag und Lebensstil einbauen. Werbung in digitalen Medien hebeln bisherige Formen des konsum- und verbraucherbezogenen Jugendschutzes aus. Die Rolle von Institutionen (Elternhaus, Bildungseinrichtungen als Leitstellen für „guten Geschmack" und Kriterien des Gebrauchsnutzens) stehen deutlich in Konkurrenz zu kommerziellen stilgebenden Angeboten. Individualisierung wird in neuen Konsumstilen möglich. Und: Konsum ist tendenziell zeit- und ortlos. Er ist ungebrochen auch per Smartphone (mobil) möglich. Auch die Beschaffung von Konsuminfos erfolgt in solcher Weise, ‚on the run'. Das heißt, traditionelle Konsumwege verlieren im Zuge der Digitalisierung an Bedeutung. Optionen zu gewichten gewinnt an Bedeutung. Der Handel seinerseits macht seine Klienten über die ihm bekannten Konsumpräferenzen einschätzbar. Aufgrund der Datenspur des Konsumenten und der Auswertung von „Big-Data", die immer feinere Differenzierungen erlaubt, werden ihm genau den individuellen Geschmack und seine speziellen Konsummuster treffende Angebote gemacht. Vieles wird ohnehin über das Internet bezogen und neue Produkte sind vielfach nur noch digital via Internet zu beziehen. Nachhaltigkeit scheint als Wert Geltung zu haben, hat aber bislang im Alltag nicht zu einer Reduktion des Konsums geführt. Allerdings gibt es Hinweise darauf, dass „sharing" von Gebrauchsgegenständen wachsende Bedeutung bekommen könnte.

© Springer Fachmedien Wiesbaden GmbH 2018
C. Tully, *Jugend – Konsum – Digitalisierung*, essentials,
DOI 10.1007/978-3-658-19220-4_2

Schon jetzt tritt an die Stelle des Autokaufs in Städten häufiger die Mitnutzung (ob privat oder kommerziell). Tauschbörsen erlauben nicht nur günstiger zu konsumieren, sondern wie beim Kauf neuer Produkte können die angebotenen Artikel vorab auf Websites beschrieben, abgebildet, besichtigt und eingeschätzt werden.

Soweit es um langfristige Konsumgüter und um sparabhängige Vorsorge geht, wird deutlich, dass diese Generation nicht mehr auf Parameter setzt, die für vorangegangene Generationen noch gültig waren. Bis in die 1970er war klar, wer eine Ausbildung macht, findet auch einen Job und hat Zugang zu einem regelmäßigen Einkommen. Bis in die 1990er war noch unterstellt, dass mit dem Einstieg in den Beruf – wenn auch mit gewissen Wartezeiten – eine feste Beschäftigung mit einer langfristigen Perspektive folgt. Heute ist dies in vielen Fällen nicht zwingend zu erwarten. Neue Jobformen sprechen eher für Flexibilität und Vielfalt (cloud-, click-, part time-, fulltime-, homeworking sowie Kombinationsformen) und weniger für Absicherung. Wie wird unter diesen Vorzeichen die Generation der jungen Menschen; von heute ihre Konsumwelt organisieren? Welche Einstellungen, Verhalten, Gewohnheiten, Bedürfnisse und Vorstellungen bilden sich heraus, welche sind erwartbar? Diesen Fragen soll nachgegangen werden.

- Junge Verbraucher werden heute früh zum Konsum erzogen und sie werden fortgesetzt von Werbung „umspült" (Tully und Santen 2016 S. 259). Der Alltag der Heranwachsenden ist kommerzialisiert, d. h. viele Aktivitäten setzen Geld voraus (Kommunikation, Verabredungen, sich treffen). Wie gehen sie mit der Vielfalt der Angebote und den Werbeversprechen um?
- Welche Rolle spielt Konsum in vorliegenden Jugendstudien? Aus welchen Perspektiven werden Geld und Konsum in aktuellen Untersuchungen thematisiert?
- Inwieweit verändert sich der Stellenwert von Konsum? Früher galt Konsum als Motor gesamtgesellschaftlicher Konjunktur in der Massenproduktion, die sich an die Massen von Einkommensbeziehern mit ausreichendem Konsumbudget richtete. In globalen Gesellschaften mit steigender sozialer Ungleichheit, wachsenden Einkommensunterschieden und individualisiertem Konsum ist dies wohl nicht mehr klar, besonders, wenn in Krisenzeiten, etwa im Gefolge der 2008er Krise, die große Mehrheit der Einkommensbezieher Konsumzurückhaltung zeigt und, wie amerikanische Daten zeigen, nur die oberen fünf Prozent der Einkommensbezieher ihre Konsumausgaben erhöhen (Cynamon und Fazzari 2014).
- Welche Informationen, denen sie vertrauen, suchen und nutzen junge Verbraucher (Familie, Peergroup, Beratung von Verkäufern, Internetblogs)?

- Verfügen Heranwachsende über finanzielle Spielräume, die zukunftsbezogenes Sparen ermöglichen?
- Kann die Welt des Konsums institutionell geordnet werden? Wird es künftig noch Verbraucherberatung geben? Wie kann sie ausgelegt sein? Lässt sich ordnen, was mit hoher Dynamik im Umbruch ist?

Über die Welt junger Verbraucher nachzudenken macht auch deshalb Sinn, weil der Konsum sich immer mehr zur zentralen Dimension der Integration in die Gesellschaft entwickelt. Im Konsum zeigt sich die Integration und Teilhabe an. Nicht nur Beruf und die Arbeit garantieren das Eingebundensein in die Gesellschaft, sondern die realisierte Autonomie der Person im Konsum zeigt an, wer integriert ist. Kulturelle Merkmale des Habitus gewinnen an Bedeutung: es gilt, einen akzeptierten Lifestyle zu entfalten und zu leben. Entsprechend wird fehlender Konsum zum sichtbaren Merkmal von Ausschluss. Verschuldung und Alimentation sind absehbare Themen der Gesellschaft der Zukunft, ebenso ein hoher Stellenwert von Konsum im Alltag Heranwachsender.

Heranwachsende verfügen in Form von Taschengeld einkommensunabhängig über Geld zum Konsum. Je geringer das eigene Einkommen, desto größer ist der Anteil des nicht gestaltbaren Budgetanteils. Dieses in der Ökonomie so wichtige ‚Engelsche Gesetz', es geht auf den deutschen Statistiker Ernst Engel (1821–1896) zurück, gewinnt bei wachsender Ungleichheit wieder größere Bedeutung. Denn fehlende Mittel bedeuten in der kommerzialisierten Gesellschaft unausweichlich auch gesellschaftlichen Ausschluss (vgl. den sogenannten Armutsbericht von Der Paritätische Gesamtverband 2016, S. 35–41). Je nach Schätzung gelten rd. 20 % der 18–25-Jährigen als arm und weitere 20 % als einkommensschwach. Was bedeutet das für Konsum und Vorsorge? Zu vermuten ist, dass diese Jugendlichen entweder mit einschwenken in die Gegen-Kultur derjenigen Jugendlichen, die mit dem fantasievollen Umgang mit gebrauchten Kleidern auch deutlich weniger ausgeben, oder aber im besonderen Maße Wert daraufliegen, sich mit einigen hochwertigen „Markenklamotten" auszustatten und einen sehr hohen Anteil ihres verfügbaren geringen Einkommens dafür verwenden, um ihre hohe Identifikation mit dem Mainstream zu demonstrieren.

Jugend und Armut spielt in vorliegenden Untersuchungen nur ausnahmsweise eine Rolle (Vgl. Morgenstern u. a. 2014, ‚15. Jugendbericht' 2017, S. 51, 94). In vielen Erhebungen zur Jugend nehmen Medien und der Gebrauch von Kommunikationstechnik eine zentrale Rolle ein. In anderen geht es um die Integration und Teilhabe in der Gesellschaft, durch Bildung, Engagement, aber auch Konsum, denn Konsum ist die moderne Form gesellschaftlicher Teilhabe. Vermutlich verdankt sich das Interesse an Jugend ihrer unterschiedlichen Deutung durch

Gesellschaft und Wissenschaft. Jugendliche müssen sich den neuen, komplexen gesellschaftlichen Herausforderungen stellen und Wege finden, produktiv damit umzugehen, jedenfalls anders und besser, als die vorigen Generationen dazu in der Lage waren und sind. Damit werden sie zu einem Projektionsfeld von Hoffnungen, Wünschen und Erwartungen Älterer. Die Heranwachsenden gehen, so der breite Konsens, geschickt mit Veränderungen auf dem Weg in die digitale Gesellschaft um. Und da sich die Gesellschaft vielfach mit der Herausforderung technischen und sozialen Wandels konfrontiert sieht, fungiert jugendtypischer Umgang (mit neuen gesellschaftlichen Angeboten und Herausforderungen in Politik, Umwelt, Konsum, Bildung, Arbeit, Medien) als zukunftsgewandte Problemlösung. Für Wissenschaft und öffentliche Meinung sind Medien und Kommunikationstechnik Treiber der Modernisierung, egal ob es um Freizeit, Arbeit, Mobilität oder Konsum geht. Im Sinne des Soziologen Niklas Luhmann (1927–1998) stehen die modernen Technologien im Alltag für noch nicht vollständig ausgeschöpfte Potenzialität. Das heißt Jugendliche und junge Erwachsene ebenso wie die Kommunikationstechnik, stehen für Dynamik und neue Entwicklungen. Auffällig gibt es einen fortgesetzten Zwang zu Innovation, Innovation wird zur Grundlage des Geschäfts mit Konsumobjekten. An der technischen Entwicklung aktiv teilzuhaben prägt, anders als vor 10 oder 15 Jahren, den Konsumalltag der nachwachsenden Generation (Tully 2014b, S. 101–148 zu Jugendgenerationen und Technik 1950–2010). Bekanntlich wird sozialer Wandel von den Gesellschaftsmitgliedern in unterschiedlicher Weise je nach sozialer Lage und Wertorientierung wahrgenommen und bewältigt. Es gibt aber über alle Unterschiede hinweg auch ähnliche, auf gemeinsamen Erlebnis- und Wahrnehmungswelten beruhende Bearbeitungsweisen, die sich im generationenspezifischen Umgang herauskristallisieren. Vorige Generationen vergleichen erlebte Muster und bemerken Veränderungen der Alltagshandlungen (z. B. ecommerce, ebanking etc.), jüngere aber, kennen nur die aktuellen Entwicklungen, und müssen von daher vordem gültige vermittelte Handlungsmuster gar nicht im Abgleich interpretieren. Ältere kennen z. B. Plattenspieler, CD-Player, Kassettenrekorder, Schreibmaschinen, Autofahren ohne Navigationshilfe. Für die heute 20-Jährigen ist die Nutzung von Musikkassetten unbekannt, also überholt. Teil ihrer Alltagspraxis ist der Musikdownload aus dem Netz.

Befunde zu Jugendlichen und jungen Erwachsenen 3

Zum Thema Jugend werden Untersuchungen mit unterschiedlicher Zielsetzung realisiert. Die jeweiligen Studien verfolgen je eigene Forschungsfragen. Vor dem Hintergrund einer sich wandelnden Gesellschaft bleiben dennoch stets zentrale Fragen (die mögliche eigene Forschungsinteressen betreffen) offen. Mögliche Quellen sind: a) Periodisch erarbeitete Surveys und Reports, b) Einzeluntersuchungen zu Jugendthemen und c) schließlich Daten aus der Markt- und Auftragsforschung sowie d) amtlich-statistische Daten (Statistisches Bundesamt, Statistischen Landesämter usw.). Häufig werden Befunde zu Jugend im Hinblick auf kommende gesellschaftliche Entwicklungen gedeutet.

Wegen der geringen Vergleichbarkeit der Daten haben wir uns entschlossen, einen tabellarischen Überblick zu relevanten Befunden im Anhang (OnlinePlus Material zu diesem Buch finden Sie auf http://www.springer.com/978-3-658-19220-4) vorzulegen. „Die" Jugend gibt es nicht, ebenso wenig eine homogene Gruppe junger Erwachsener. Im Folgenden wird zur Vereinfachung ausschließlich von „Jugendlichen" gesprochen, gemeint ist die gesamte, hier adressierte Zielgruppe der Jugendlichen und jungen Erwachsenen. (Jugendliche unterscheiden sich nach Geschlecht, Alter, Bildung, sozialer Herkunft, eigenen Plänen, Leben in Stadt oder Land, Mediengebrauch und Medienausstattung, Selbstbild usw.). Von daher sind Vergleiche des Jugendalltags auch ein komplexes Unterfangen und es bedarf sortierender Zugänge. Wegen dieser Schwierigkeiten beim Vergleich sollen an dieser Stelle nur einige knappe Hinweise (Untersuchungszusammenhang, Fragestellung, Befunde) gegeben werden. Zum Jugendalltag gibt es diverse Untersuchungen.

© Springer Fachmedien Wiesbaden GmbH 2018   11
C. Tully, *Jugend – Konsum – Digitalisierung,* essentials,
DOI 10.1007/978-3-658-19220-4_3

- Prominent sind die sogenannten *Shell Jugend Studien* (inzwischen zum 17. Mal realisiert). Trotz regelmäßiger Durchführung (im Durchschnitt alle vier Jahre) sind die Daten und Befunde nicht durchgängig vergleichbar. Es werden einzelne Themen in den Blick gerückt, andere verschwinden gegebenenfalls. So berichtet die aktuelle Jugendstudie nicht über Konsum. In früheren Studien war dies durchaus der Fall. Eine kontinuierliche Berichterstattung zu Jugend erweist sich als komplizierte Aufgabe. Zeitvergleiche sind nur in wenigen Fällen bzw. Themenbereichen möglich. Einerseits müssen von den Forschern Entscheidungen getroffen werden, welche Aspekte in den Vordergrund gestellt werden sollen (Wiedervereinigung, Übergang Schule Beruf, Medien, politische Partizipation usw.), was systematische Vergleiche erschwert, andererseits können heute zum Beispiel Ausgaben für CDs nicht mehr erhoben werden, da Musik eben gestreamt und nicht auf Datenspeichern gekauft wird. Auch können keine Untersuchungsreihen zum Handygebrauch erstellt werden. Das Handy von 2008 ist mit dem Smartphone von 2016, nicht vergleichbar. Insofern bedarf es immer einer situationsbezogenen Themenvertiefung. Heute ist Thema, dass die Jugendgeneration Medien in der nachfolgenden Präferenz nutzt: YouTube, WhatsApp, Instagram, Snapchat, Spotify.
- Aus der Uni Siegen liegt 2013 die Jugendstudie „Appsolutly smart" vor, sie ist Nachfolger der NRW Untersuchung „null zoff & voll busy". In der Untersuchung von Maschke u. a. (2013) wurden rund 1000 Jugendliche befragt. Thematisiert wird unter anderem die Teilhabe am Konsum. Allerdings habe sich, so die Autoren, in Sachen Taschengeld wenig verändert gegenüber den Befunden der Voruntersuchung aus dem Jahr 2001. Auch bei der „Jugendstudie Baden-Württemberg" von 2015 handelt es sich um eine wiederholt durchgeführte Erhebung, Thema ist das Selbstverständnis Jugendlicher in Baden-Württemberg. Aus dem DJI in München liegen Daten aus einem Survey zu Jugend, Kindheit und Familie vor, unter dem Titel AID:A (Aufwachsen in Deutschland: Alltagswelten). Aus dem AID:A Survey stammen u. a. unsere Daten zu Taschengeld von Jugendlichen (Tully und Santen 2012) sowie zu Nebenjobs (Tully und Santen 2015). Die aufgeführten aktuellen Taschengeldzahlen stammen aus dem Survey AID:A II, 2015.
- Am DJI werden aber auch die Jugendberichte koordiniert. Den Hürden kontinuierlicher Dauerberichterstattung kann in Reports, die sich bei der Erstellung den aktuellen und wechselnden Themen zuwenden, begegnet werden. Das heißt bei der Erstellung von Berichten werden je aktuelle Daten vorgelegt. Der 14. Kinder- und Jugendbericht liegt vor, der 15. Kinder- und Jugendbericht wird 2017 veröffentlicht. Dieser 15. Jugendbericht, ist ein Bericht an das

Bundesministerium für Familie, Senioren, Frauen und Jugend. Die Kommerzialisierung des Jugendalltags spielt in diesem aktuellen 15. Jugendbericht (von 2017, S. 150 ff.) wiederholt eine Rolle. Ähnlich berichtet der Jenaer Kinder-und Jugendstudie (Morgenstern u. a. 2015) vom Risiko des Ausschlusses durch Geldmangel. Dem Jugendbericht folgend sind 20 von 100 jungen Menschen im Alter zwischen 18–25 von Armut bedroht. Zwischen 30 % und 40 % üben Nebenjobs aus. Bereits der 14. Jugendbericht fordert, das Dilemma selbstbestimmter Verfügbarkeit der eigenen Daten und der kommerziellen Enteignung der Daten zu lösen.

- Zu den speziellen Reports gehören der nationale Bildungsbericht (zuletzt 2016; hinzukommen Bildungsberichte auf Länderebene) und der Berufsbildungsbericht (wird jährlich vorgelegt). Ein spezialisierter Survey ist der *Studierendensurvey,* er wird bereits seit 1983 regelmäßig durchgeführt, zuletzt 2016. Hier finden sich Daten zur ökonomischen Lage der Studierenden.

- Eine zentrale Rolle spielen seit gut 15 Jahren die Medien im Jugendalltag. Entsprechend gibt es in jüngerer Zeit vermehrt Medienuntersuchungen. Eine der regelmäßigen Untersuchungen ist JIM (Jugend, Information, Medien) Die aktuelle Studie stammt von Dezember 2016. Seit gut 15 Jahren gibt es inzwischen die JIM Studien. Sie konzentrieren sich auf den Medienbesitz und -gebrauch Jugendlicher und auf die Medienausstattung der Haushalte, in denen junge Menschen aufwachsen. Neben JIM gibt es auch KIM („Kinder + Medien, Computer + Internet" – wobei mit „Kindern" die Altersgruppe 6–13 Jahre gemeint ist) und FIM („Familie, Interaktion und Medien" und untersucht die Ausstattung der Familie mit und die Nutzung von Medien im Tagesablauf).

- Eine wichtige quantitative Einzelstudie zu Jugendlichen ist die *„Jugendstudie Generation-What"* (2016) durchgeführt im Auftrag der Rundfunkanstalten. Diese aktuelle Untersuchung wurde 2016 vorgelegt. Hier wird u. a. berichtet, dass neun von zehn Befragten sagen, in unserer Gesellschaft spiele Geld eine zu große Rolle. Ein Viertel sieht die eigene finanzielle Situation angenehm, etwa die Hälfte sagt, die finanzielle Situation sei in Ordnung und ein Viertel gibt an, dass die finanzielle Situation schwierig oder ein bisschen düster sei.

- Ebenfalls zu den herauszuhebenden Untersuchungen zählt die Sinus Jugendstudie von 2016: „Wie ticken die Jugendlichen im Alter von 14 bis 17 Jahren in Deutschland". Kennzeichen dieser Studie ist die Ausweisung spezifischer Milieus und Lebensstile für Jugendliche, womit dann auch Unterschiede in den Bezügen zum Konsum benannt werden. Es handelt sich um eine qualitative Untersuchung. Die Studie beschreibt den Jugendalltag in den sinustypischen

Dimensionen um die ‚Sinus-Milieus' zu spiegeln. Diese sollen die soziokulturelle Vielfalt in Gesellschaften wiedergeben und erlauben es Werte, Lebensziele, Lebensstile und Einstellungen sowie sozialen Hintergrund zu beschreiben. In einer Jugend-Phase, einer des biografischen Umbruchs lassen sich tragfähige Lebensstile, die die künftige Biografie formen, nicht zwingend vorhersehen und in den Erwachsenenalltag extrapolieren. Ansonsten liefert die Untersuchung einen differenzierten Blick auch auf den Bereich des Konsums. Mit den Sinus-Milieus kann man die Lebenswelten der Menschen somit „von innen heraus" verstehen, gleichsam in sie „eintauchen". Mit den Sinus-Milieus versteht man, was die Menschen bewegt und wie sie bewegt werden können. Denn die Sinus-Milieus nehmen die Menschen ganzheitlich wahr, im Bezugssystem all dessen, was für ihr Leben Bedeutung hat.

- Die Untersuchungen im Rahmen von BINK „Bildungsinstitutionen und nachhaltiger Konsum" (vgl. Tully und Krug 2013) richten den Blick auf *Jugendkultur und* die damit verbundenen Muster zum *Konsum.* Es ist die letzte größere Untersuchung in diesem Themenbereich mit Anbindung zur Nachhaltigkeit. Die Daten aus BINK gehen auf qualitative Erhebungen und eine quantitative Befragung zurück. Zum Teil werden diese Daten verbunden mit Ergebnissen aus AID:A (Aufwachsen in Deutschland: Alltagswelten) einem Survey der am DJI in München realisiert wird (siehe oben). Die Daten zu Taschengeld und Nebenjobs von Tully und Santen (2012, u. a. haben ihre Basis in der AID.A Untersuchung).

Jenseits der Jugendforschung fungieren *Markt- und Auftragsforschung* sowie *amtsstatistische Daten* des Statistischen Bundesamt und der Statistischen Landesämter als wichtige Datenquellen. Zu erwähnen sind u. a. „KidsVerbraucher-Analyse" (zuletzt 2016) sowie die Bravo Studien (vgl. Bravo 2016), die von den Verlagen Bauer Media und Axel Springer durchgeführt werden. In unserem Überblick finden sich diverse spezielle Studien etwa vom deutschen Bankenverband, GFK, Comdirekt). Die Jugendstudie 2015 vom Bankenverband richtet den Blick auf den Umgang mit Geld. Untersucht wird der Gebrauch von Internet, der Bezug von Gittereinkommen (Nebenjobs) und Taschengeld, sowie das Finanzverhalten und das Verhältnis von Jugendlichen zu Banken.

Eine inhaltliche Erschließung leistet der tabellarische Überblick im *„Anhang 1 (OnlinePlus Material zu diesem Buch finden Sie auf* http://www.springer.com/978-3-658-19220-4")* „Überblick zu aktuellen und jüngeren Untersuchungen zum Konsum im Alltag Jugendlicher und junger Erwachsener".* Dokumentiert werden Erhebungszeitraum, Erhebungspopulation und zentrale Aussagen zu Jugend und Konsum.

Junge Verbraucher 4

Die Betrachtung von Jugend und jungen Erwachsenen ist gesellschaftlich geformt. Das heißt, es existieren gesellschaftlich erzeugte Bilder von Jugend ganz unabhängig von deren konkreten Lebensumständen. Solche Jugendbilder werden dann für den öffentlichen Diskurs in typisierenden Bildern gebündelt. Beispiel dafür sind die Generation Golf, Null-Bock, Generation ‚X‘, ‚Y‘ oder aktuell die ‚Generation Z‘. So werden jungen Menschen in der Gesellschaft Eigenschaften und Präferenzen zugeschrieben und diese *Zuschreibungen organisieren den öffentlichen Diskurs.* Die Gesellschaft organisiert mithin die Wahrnehmung von Jugend, da sie bestimmte Eigenschaftsmerkmale, ganz unabhängig von den konkreten Lebensformen, herausstellt. Zu solchen Merkmalen gehören u. a. die gute Medienausstattung und intensive Mediennutzung, die Deutung, dass die Heranwachsenden kompetent und virtuos mit digitaler Technik umzugehen in der Lage sind, was sich auch in Etikettierungen wie die „Social Media Generation" u. ä. ausdrückt.

4.1 Was Jugend ausmacht

Die Jugendforschung ist bemüht, sich mit wissenschaftlich fundierten Einteilungsmerkmalen von diesen gesellschaftlich erzeugten Leitbildern unabhängig zu machen und sowohl die biografische Entfaltung als auch die Verarbeitung und Interpretation der gesellschaftlichen Umbruchsituation in den Blick zu nehmen. Wenn Aufwachsen beschrieben wird, wird der Reifungsprozess aus verschiedenen Perspektiven betrachtet. Jürgen Zinnecker bezeichnet Jugend als Moratorium; Jean Piaget rückt die frühe kognitive Entwicklung in den Blick, Erik H. Erikson beschreibt die (krisenhafte) Ausbildung von Identität.

Jugend in der Gesellschaft kann in dieser Absicht zum einen in *1) ihrer gesellschaftlichen Einbettung und zum andern 2) in ihrer biografischen Entfaltung*

© Springer Fachmedien Wiesbaden GmbH 2018
C. Tully, *Jugend – Konsum – Digitalisierung,* essentials,
DOI 10.1007/978-3-658-19220-4_4

betrachtet werden. Im ersten Fall steht für die gesellschaftliche Entwicklung im weiteren der Jugendalltag im Fokus der Betrachtung. Gesellschaft entwickelt sich (sozialer Wandel), deshalb sieht Aufwachsen immer wieder anders aus. M. a. W. Jugendliche, die in den 1950er, 1960er und aktuell in den 00'er Jahren geboren wurden, finden jeweils andere Gesellschaften vor. Dies ist Gegenstand der Abb. 4.1.

In der öffentlichen Diskussion wird deutlich intensiver auf die „Generation Y" Bezug genommen als auf die nachfolgenden „Generation Z". Die Bereitschaft zu Leistung, persönlicher Flexibilität und die Bejahung von Wettbewerb von weiten Teilen der Generation Y sind Politikern und Publizisten weitaus sympathischer als die der Generation Z zugeschriebenen Merkmale, die Beruf und Privatleben voneinander trennen will, Arbeitsplatzsicherheit und feste Arbeitszeitregelungen bevorzugt und deutlich geringere Konsumaspirationen hat als ihre Vorgänger. Es soll eine Generation sein die gerne rund um die Uhr arbeitet, die flexibel ist und sich leistungsorientiert steuern lässt.

4.2   Verschiebungen und Revisionen des Jugendalltags

Wenn es um die gesellschaftliche Einbettung von Heranwachsenden in die von ihnen vorgefundene Gesellschaft geht, dann macht es Sinn, Jugend differenziert zu betrachten und an sie Merkmale der Jugendforschung, die die Anpassungsmechanismen und sich verfestigenden Lebensorientierungen bezeichnen, anzulegen.

Zu den Merkmalen, über die Jugend beschrieben werden kann, gehörten die 1) Altersgruppierung, die 2) Ablösung von der Familie und das Eingehen neuer Beziehungen, 3) die Wahrnehmung von Berechtigungen, die mit bestimmten Altersstufen verbunden (z. B. Führerschein, Kaufvertrag) sind, 4) die Bewältigung von Bildungs- und Qualifizierungsprozessen, sowie der damit verbundene Übergang ins Arbeitsleben, und schließlich 5) die körperliche Entwicklung. Teil der kulturellen Einbettung sind die Beziehungen zur 6) Gruppe der Gleichaltrigen, die Übernahme der für sie bedeutsamen Symbole (digitale Ausstattung, Musik, Video, streaming, downloads).

Auffällig ist, dass es auch für die Forschung schwer ist, klare Grenzen zur Verortung von Jugend zu ziehen, da es keine klaren Abgrenzungen – weder gegenüber der Kindheit noch zum Erwachsensein – gibt. Teilhabe am Konsum oder erfolgreicher Bildungsabschluss und Eintritt in das Beschäftigungssystem markieren keineswegs mehr den Übergang ins Erwachsensein. Statt Auszug, Heirat, erstem selbst verdientem Geld markiert die Übernahme von Verantwortung für sich selbst und für andere das beginnende Erwachsensein (vgl. Abb. 4.2).

	Maturists (geboren vor 1945)	Baby Boomers (1945–1960)	Generation X (1961–1980)	Generation Y (1981–1995)	Generation Z (nach 1995 geboren)
Prägende Erfahrungen	Zweiter Weltkrieg Rationierungen Starr definierte Geschlechterrrollen Rock'n'Roll Kernfamilie Festgelegtes Frauenbild	Kalter Krieg Wirtschaftswunder Swinging Sixties Mondlandung Jugendkultur Woodstock Familienorientierung Zeitalter der Teenager	Ende des Kalten Kriegs Mauerfall Reagan – Gorbatschow Thatcherismus Live Aid Der erste PC Anfänge mobile Technologie Schlüsselkinder Zunahme von Scheidungen	Terroranschläge 9/11 Playstation Social Media Invasion im Irak Reality TV Google Earth	Wirtschaftlicher Abschwung Erderwärmung Globalisierung Mobile Devices Energiekrise Arabischer Frühling Eigene Medienkanäle Cloud Computing Wikileaks
Anteil an arbeitender Bevölkerung in % (in UK)	3 %	33 %	35 %	29 %	Teilweise in befristeten Arbeitsverhältnissen oder in Ausbildung
Ziel	Eigenheim	Jobsicherheit	Work-Life-Balance	Freiheit und Flexibilität	Sicherheit und Stabilität
Haltung zu Technologie	Weitgehend uninteressiert	Erste IT-Erfahrungen	Digital Immigrants	Digital Natives	„Technoholics" abhängig von der IT, nur begrenzte Alternativen
Haltung zu Karriere	Lebenslange Jobgarantie	Karriere im Unternehmen, wird von den Angestellten mitgestaltet	Karriere bezieht sich auf den Beruf, nicht mehr auf den Arbeitgeber	Digitale Unternehmer Arbeit „mit" Organisationen, nicht „für" Organisationen	Multitasking-Karriere Übergangsloser Wechsel zwischen Unternehmen und „Pop-up"-Business
Typisches Produkt	Auto	Fernseher	PC	Tablet / Smartphone	Google Glass Nanocomputer 3-D-Drucker Fahrerlose Autos
Medien Kommunikation	Brief	Telefon	E-Mail und SMS	Text oder Social Media	Mobile oder in die Kleidung integrierte Kommunikationsmedien
Bevorzugte Kommunikation	Face-to-Face Meetings	Face-to-Face, zudem Telefon und E-Mail	Text Messaging oder E-Mail	Online und Mobile (SMS)	Facetime

INTERNET WORLD Business 22/14

Abb. 4.1 Generationen der 1950er-00er Jahre. (Quelle: Futurbiz)

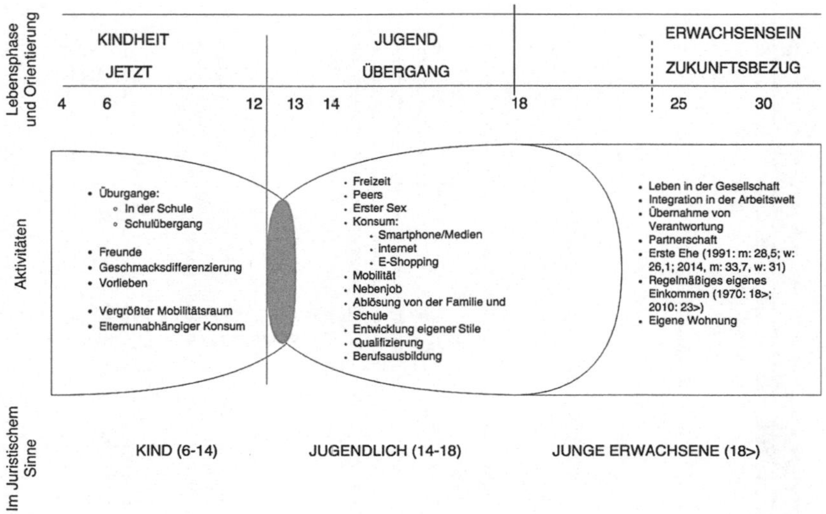

Abb. 4.2 Jugend als Phase der Ablösung und des Lebens,jetzt' und in der Zukunft. (© Tully 2017)

(1) Jugend als Altersgruppe und als nächste Generation

a) *Juristische Perspektive*

Im Sinne des Sozialgesetzbuchs (Kinder- und Jugendhilfegesetz) gelten Kinder als Personen bis 14 Jahre, als *Jugendliche solche zwischen 14 und 18 Jahren.* Als volljährige junge Erwachsene gelten Personen zwischen 18 und 27 Jahren. Die gesetzliche Festlegung bestimmt damit auch über den Zeitpunkt der juristischen und politischen Mündigkeit, d. h. z. B. über den Zeitpunkt der Erlangung von Strafmündigkeit, den der Tauglichkeit ein Fahrzeug zu führen oder von Mitentscheidungsfähigkeit (z. B. bei Wahlen). Im Hinblick auf Konsum sind weitere Bestimmungen zu nennen. Ab dem siebten Lebensjahr findet bei Kindern der Taschengeldparagraf Anwendung, was bedeutet, Kinder unter 7 Jahren sind nach deutschem Recht (§ 104 Nr. 1 BGB) nicht geschäftsfähig. Sie können also keine rechtswirksame Willenserklärung abgeben und somit nicht einkaufen. Die Geschäfte für sie werden von den Eltern als gesetzliche Vertreter des Kindes getätigt. Der Taschengeldparagraf besagt, dass Minderjährige Barkäufe, nicht aber Ratenkäufe tätigen können. Dies soll vor Verschuldung schützen. Im Sinne der Taschengeldparagrafen dürfen Kinder ohne Zustimmung der Eltern auch keine Handyverträge mit monatlicher Grundgebühr abschließen, selbst wenn die Grundgebühr mit dem Taschengeld bezahlt werden könnte.

Weiter werden Jugendliche, also ab 14 Jahren, strafmündig und dürfen bis 22 Uhr wegbleiben, sie dürfen mit Erlaubnis der Eltern Bier trinken und mit deren Zustimmung auch in eine Disco gehen. Ab 14 können sich Mädchen die Pille verschreiben lassen, ab 16 sind sie dabei auch nicht mehr von der Einschätzung des Arztes abhängig, d. h. sie sind berechtigt, ein solches Rezept zu verlangen. Ab 14 Jahren dürfen Jugendliche auch ohne die Eltern auf eine Reise gehen, sie brauchen dafür allerdings die Zustimmung der Eltern.

b) *Lebensphase zwischen Kindheit und Erwachsensein*

Zu jungen Erwachsenen rechnen sich jedoch häufig auch noch die Altersgruppe der zwischen 27- und 29-jährigen. Sie sehen sich eher als der Jugendlichen-, denn der Erwachsenwelt zugehörig. Das Jugendalter dehnt sich somit einerseits über das Alter von 27 Jahren hin ins Erwachsenenalter aus, andererseits dringen die Anforderungen für das Gelingen des künftigen Erwachsenseins immer weiter ins Kindes- und Jugendalter ein. Die Jugendphase wird also nach oben ausgedehnt. Viele Kids handeln mit 12–13 wie Jugendliche. Dazu geben u. a. neue Konsumstudien Auskunft. In Ikon Kids (Ergebnisse zu High Interest Themen bei 6- bis 19-jährigen Kindern und Jugendlichen in Deutschland, Juni 2016) ist von den TEENS als der Gruppe der 13–16-jährigen die Rede. Ihnen ist gemeinsam: „Ausprobieren und Ausleben der Jugendlichkeit -Was interessiert mich die Zukunft?", heißt es dort in Trend Tracking Kids. Die Gruppe der ab 16-Jährigen, wird aus der Sicht der Marktforschung als YOUNG ADULTS, üblicherweise zwischen 17 und19 Jahren, beschrieben.

Es geht um „Abschied von der Jugend und jugendlichen Traumwelten". Kennzeichen ist ein „zunehmender Pragmatismus, Hinwendung zu erwachsenem Verhalten". Generell gilt, (mobile) Medien erleichtern den Zugang zu Infos und zur frühen Teilhabe an Konsumwelten und am Erwachsensein, ganz so wie es Neil Postman im seinem Buch „Das Verschwinden der Kindheit" moniert hat. Viele Jugendstudien tragen diesem Umstand dadurch Rechnung, indem sie Befragten der unteren Altersgruppen mit einbeziehen.

c) *Kommerzialisierter Alltag*

Die Zeit der Kindheit und Jugend stellt in diesem Sinne eine formative Phase dar, in der geteilte Erlebnisse die spätere Entwicklung beeinflussen. Aufwachsen in standardisierter Möblierung (egal bei welchen Freunden sie sich gerade einfanden, es sah ähnlich aus) wie sie ein schwedisches Möbelhaus weltweit vertreibt, wurde Bestandteil der kollektiven Erfahrungen von jungen Erwachsenen (geboren nach 1974). Solche gemeinsamen Erlebnisse sind heute die technischen Informationssysteme wie Computer, Internet oder Handy (früher Mopeds und Plattenspieler, vgl. Tully 2003, S. 106 ff.). Heute werden Kinder früh mit gentrifiziertem Spielzeug, mit Aufdrucken auf Lebensmitteln, Kleidung in ihre Geschlechterrolle hineinerzogen. Angefangen beim Bobbycar, über Fahrrad und Kleidung wird u. a. ein altes Geschlechterstereotyp wiederbelebt, anders als in den 1970ern. Damals galten die Bemühungen der Koedukation und der Abbau von Geschlechtssstereotypen. Mädchen pink, Jungs blau: dieses Prinzip prägt viele Alltagsgegenstände (Unterwäsche, Tageskleidung, Spielsachen) der nun Heranwachsenden. Sie werden zeitig durch Konsum zur Anpassung an Leitbilder erzogen (Vgl. kritisch Gaschke 2011). Die Werbewirtschaft entwickelt hierzu „Konzepte": etwa das Konzept der „Sportivität" (samt passendem Outfit und Equipment), das Konzept des Erfolgs oder das des versierten „Kommunikations-Technik-Users" (ausgestattet mit modischen Gadgets, die auf die Person zurückverweisen). Solche Konzepte setzen biografisch früh an. Ein Beispiel ist die Prinzessin Lillifee (alles pink, dazu gibt es ein Einhorn mit Schleife im Haar), ein Konzept das zum Beispiel kleine Mädchen (ab eineinhalb Jahren) anspricht. Konsum findet nun permanent statt. Der Zusammenschluss von Jugend und Kommerzialisierung (Tully und Santen 2016) ist unübersehbar. Die Werbung spricht besonders oft Kinder, Jugendliche und junge Erwachsene intensiv an und die Gesellschaft als Ganzes orientiert sich eher an jugendlichen Stilen (Zum Stand der Jugendforschung zusammenfassend Tully 2014a).

(2) Ablösung und Aufbau neuer Beziehungen: Malus für Eltern, Bedeutungszuwachs bei den Peers
Zur Beschreibung von Jugend gehört auch die Ablösung vom Elternhaus und das Eingehen neuer Bindungen. Ablösung und Neubindung stehen synonym für die Übergangsphase der Adoleszenz. Der Prozess der Ablösung vom Elternhaus findet heute im Vergleich zu den Gründungsjahren der Bundesrepublik verzögert statt: Fast die Hälfte der 16–29-jährigen lebt noch bei den Eltern. Ein Hauptgrund für den Auszug, die Eheschließung, hat deutlich geringere Dringlichkeit. Das durchschnittliche Heiratsalter lag 2007 für Frauen bei 29,8 und im Jahr 2015 bei 31. Bei Männern liegt das Heiratsalter lediger Männer 2015 bei 33,8 Jahren (Statistisches Bundesamt und Statistisches Jahrbuch 2016, S. 53).

Die Ablösung ist auch in den Freizeitaktivitäten der Jugendlichen erkennbar. Sich mit Gleichaltrigen treffen, mit ihnen etwas unternehmen, weggehen, shoppen usw. sind in Abb. 4.3 als relevante Beschäftigungen ausgewiesen.

Die zu verzeichnende verzögerte Ablösung von der Familie, wie auch die Mühen, Familie und Arbeit zu vereinbaren (Bertram und Deuflhard 2015; Tully 2014a), sind Hinweis auf die neue Verortung des Verhältnisses von Alt und Jung; und auch darauf, dass die Übernahme von Verantwortung für die eigene Person (und für andere, also für Partner), als kompliziert erlebt wird. Zum Erwachsensein gehöre verantwortungsvoll zu handeln, das sagen auch 70 % der Befragten in der Studie „Generation-What".

Peers: Der Ablösungsprozess verläuft in mehreren Stufen, wobei der Gruppe der Gleichaltrigen (Peers) eine entscheidende Rolle zufällt. Sie helfen bei der eigenen Entwicklung, bei den sich abzeichnenden und neu entstehenden sozialen Anforderungen und geben Antworten auf die Frage: Was ist richtig und angemessen? Es sind – neben den körperlichen Veränderungen – die gravierenden Veränderungen in der eigenen Biografie und im Verhältnis zu den Anderen, die ein hohes Maß an Irritation mit sich bringen. Vieles muss neu justiert werden. Die Mehrzahl der damit aufkommenden Fragen verhandeln Jugendliche exklusiv mit ihren Peers, denn nur diese durchleben eine vergleichbare Situation und fungieren insofern als ‚Experten'. Heranwachsende im jüngeren Alter orientieren ihr Handeln nur bedingt an übergreifenden normativen Ordnungen. Insofern begünstigen Peerkontakte die eigene Entwicklung über geteilte Auffassungen.

(3) Jugend als eine Phase der Qualifizierung
Jugend fungierte bislang als Zeit der Bildung und Ausbildung und damit auch der Vorbereitung auf einen Beruf, der eigenes Einkommen und Unabhängigkeit ermöglicht. Zu verzeichnen ist heute ein Trend zum längeren Verbleib in Bildungsstätten und insgesamt zu höheren Bildungsabschlüssen.[1] Das durchschnittliche Alter bei Beginn der Berufsausbildung ist von 1970 bis 2006 von 16,6 auf 19,6 Jahre gestiegen (Berufsbildungsbericht 2008, S. 139). Von den 15- bis 20 jährigen befanden sich 1960 75 % in einer Lehre oder einem Ausbildungsverhältnis, sie waren also nicht mehr Schüler. Heute qualifizieren sich noch immer fast 50 % im beruflichem Bildungssystem (Lehre und Fachschulausbildung) Die Schüler- oder Studentenexistenz wird zur vorherrschenden Lebensform junger Menschen in Deutschland.

---

[1]Quelle: eigene Berechnung aus stat. Jahrbüchern. Siehe auch den Bildungsbericht 2010 (Bildung in Deutschland 2010: www.bildungsbericht.de).

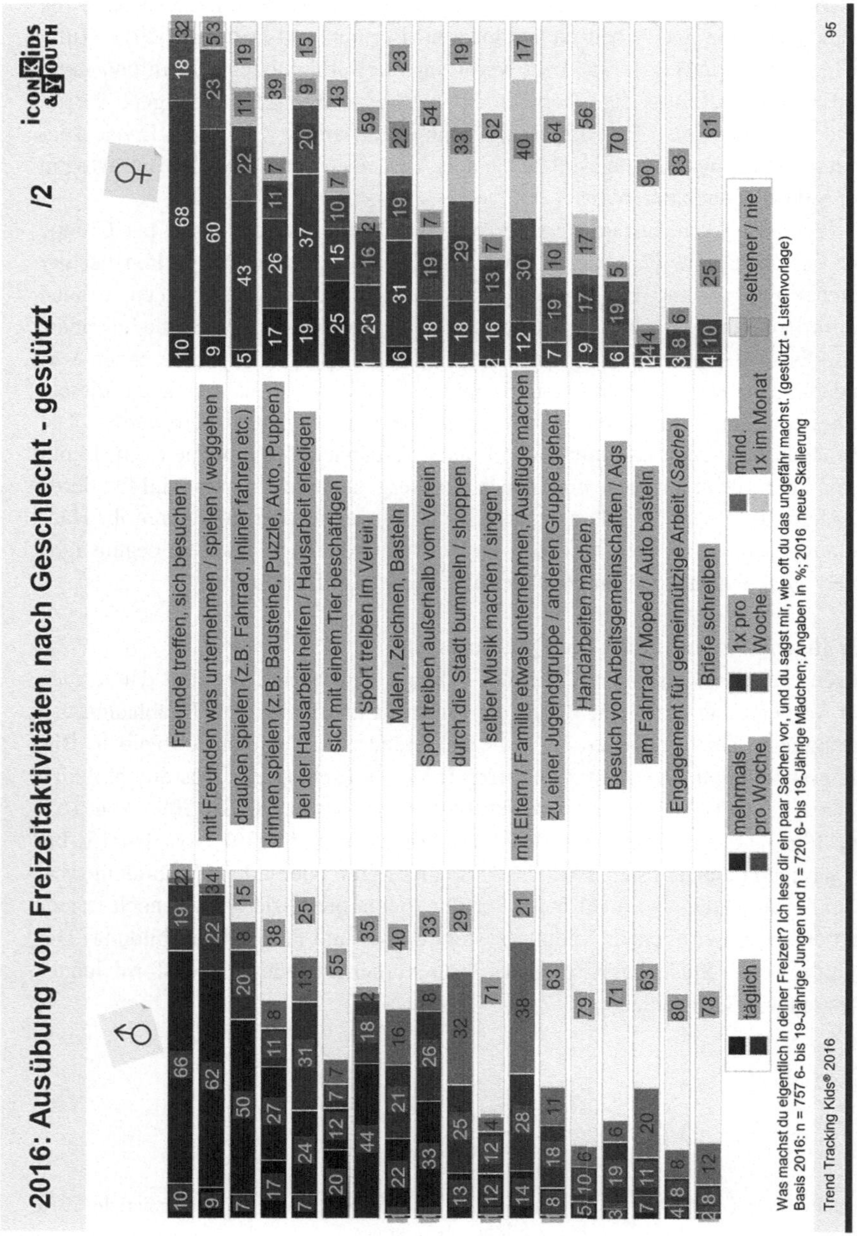

2016: Ausübung von Freizeitaktivitäten nach Geschlecht - gestützt /2

icon Kids & Youth

Legende: **täglich** · **mehrmals pro Woche** · **1x pro Woche** · **mind. 1x im Monat** · **seltener / nie**

Aktivität	♂ Jungen	♀ Mädchen
Freunde treffen, sich besuchen	10 / 66 / 19 / 2 / 2	10 / 68 / 18 / 3 / 2
mit Freunden was unternehmen / spielen / weggehen	9 / 62 / 22 / 3 / 4	9 / 60 / 23 / 5 / 3
draußen spielen (z.B. Fahrrad, Inliner fahren etc.)	7 / 50 / 20 / 8 / 15	5 / 43 / 22 / 11 / 19
drinnen spielen (z.B. Bausteine, Puzzle, Auto, Puppen)	17 / 27 / 11 / 8 / 38	17 / 26 / 11 / 7 / 39
bei der Hausarbeit helfen / Hausarbeit erledigen	7 / 24 / 31 / 13 / 25	19 / 37 / 20 / 9 / 15
sich mit einem Tier beschäftigen	20 / 12 / 7 / 7 / 55	25 / 15 / 10 / 7 / 43
Sport treiben im Verein	44 / 18 / 2 / 35	23 / 16 / 2 / 59
Malen, Zeichnen, Basteln	22 / 21 / 16 / 40	6 / 31 / 19 / 22 / 23
Sport treiben außerhalb vom Verein	33 / 26 / 8 / 33	18 / 19 / 7 / 54
durch die Stadt bummeln / shoppen	13 / 25 / 32 / 29	18 / 29 / 33 / 19
selber Musik machen / singen	12 / 12 / 4 / 71	2 / 16 / 13 / 7 / 62
mit Eltern / Familie etwas unternehmen, Ausflüge machen	14 / 28 / 38 / 21	12 / 30 / 40 / 17
zu einer Jugendgruppe / anderen Gruppe gehen	8 / 18 / 11 / 63	7 / 19 / 10 / 64
Handarbeiten machen	5 / 10 / 6 / 79	9 / 17 / 17 / 56
Besuch von Arbeitsgemeinschaften / Ags	3 / 19 / 6 / 71	6 / 19 / 5 / 70
am Fahrrad / Moped / Auto basteln	7 / 11 / 20 / 63	2 / 4 / 4 / 90
Engagement für gemeinnützige Arbeit (Sache)	4 / 8 / 8 / 80	3 / 8 / 6 / 83
Briefe schreiben	2 / 8 / 12 / 78	4 / 10 / 25 / 61

Was machst du eigentlich in deiner Freizeit? Ich lese dir ein paar Sachen vor, und du sagst mir, wie oft du das ungefähr machst. (gestützt - Listenvorlage)
Basis 2016: n = 757 6- bis 19-Jährige Jungen und n = 720 6- bis 19-Jährige Mädchen; Angaben in %; 2016 neue Skalierung

Trend Tracking Kids® 2016

95

Abb. 4.3 Freizeit und Peers. (Quelle: Trend Tracking Kids® 2016)

(4) Körperlichkeit, neue Ästhetik

Jugendliche erleben ihre körperliche Veränderung als Element des Übergangs vom Kind zum Erwachsenen: Die Geschlechtsreife setzt ein und damit verbunden findet eine Umorientierung im Hinblick auf die eigene Identität statt. Die Jugendforschung hat diesen Aspekt bis in die End 1990er gelegentlich ausgeblendet. Allerdings spielt der Körper für Jugendliche eine sehr große Rolle, er ist Vehikel zur Abgrenzung, damit Ausweis von Identität: „Mein Aussehen ist nicht das Übliche, aber ich trenne mich gerne vom Durchschnitt ab" (Fend 1994, S. 120). Eine der wichtigsten Veränderungen der körperlichen Entwicklung der letzten einhundert Jahre betrifft das frühere Einsetzen der Pubertät. So setzt die Menarche der Mädchen heute um das 12. Lebensjahr herum ein. Im Jahr 1840 lag das Durchschnittsalter dafür noch bei 17 Jahren. Insoweit sind Personen, die im körperlichen Sinne bereits erwachsen sind, vom rechtlichen Standpunkt aus noch Jugendliche. Die Bedeutung des Körpers ist unter dem Eindruck jüngerer Trends (z. B. Fitnesswelle), aber auch gewachsener gesellschaftlicher Sensibilität (gewachsenes Risiko für Adipositas, vgl. 13. Kinder- und Jugendbericht von 2009), verstärkt in das öffentliche Bewusstsein gerückt. Die Sorge um gesundes Aufwachsen rückt das Interesse für eine gesündere Lebensweise und Ernährung Junger Menschen zunehmend ins Zentrum des öffentlichen Interesses (Tully und Gadow 2013). In Zeiten, in denen Bilder als Orientierung- und Sortierungskriterium textliche Informationen ablösen (Tully 2014b, S. 200–217), rückt Ästhetik zu einem wichtigen Merkmal der Selbstdarstellung auf.

Aufwachsen und Aneignung von Alltag 5

Wir haben es also mit einem Wandel der Gesellschaft und einem generationsspezifischen Umgang damit zu tun. Aus jugendsoziologischer Sicht ist von Interesse, wie Jugendliche sich in dieser Welt bewegen.

5.1 Gesellschaftlich vorgegebene Veränderungen: soziologisch verortet

Die voranschreitende Technisierung des Alltags durch Kommunikationstechnik kann aus makrosoziologischer Perspektive als ein Hauptmerkmal des gesellschaftlichen Wandels mit den zugehörigen Methoden der Gesellschaftswissenschaft betrachtet werden. Dabei werden unterschiedliche Umgangsweisen der Generationen erkennbar. Im Hinblick auf Konsum lassen sich dabei neue Formen der Kommerzialisierung des Jugendalltags (u. a. durch social media und Digitalisierung des Alltags) anführen und es können spezifische Umgangsweisen benannt werden (Franke 2014).

Aus einer generalisierenden (makrosoziologischen) Perspektive besehen geht es um Veränderungen in Lebensbereichen die für Heranwachsende relevant sind (etwa Mobilität, Medienzugang, Kommunikation mit Peers, Informationsmanagement). Dabei geht es um Bildung, Arbeit, Einkommen, Partnerschaft, Beruf, die Planbarkeit des eigenen Lebens, Mobilität, Kommunikation usw. Menschen richten ihr Zusammenleben und Handeln an diesen Lebensbereichen aus. Es sind gerade die, die heute im Umbruch begriffen sind. Was bedeutet ein Bildungsabschluss 2017 für den Arbeitsmarkt im Jahr 2025 oder 2030? Wie wird die Arbeitswelt nach Abschluss der Ausbildung der heute lernenden Bankkaufleute 2025 (also in acht Jahren, fünf Jahre nach Bildungsabschluss) aussehen (vgl. zur Arbeit

© Springer Fachmedien Wiesbaden GmbH 2018
C. Tully, *Jugend – Konsum – Digitalisierung*, essentials,
DOI 10.1007/978-3-658-19220-4_5

4.0: BAS 2015)? Die Strukturen aus Bildung und Arbeitsmarkt, auf die sich vorgängige Kohorten beziehen konnten, sind in geringerem Maße vorhersehbar. Worauf kann sich dann die eigene Biografieplanung stützen? Die Planungshorizonte werden kürzer und unterliegen situativen Einflüssen. Auslöser des gerade beobachtbaren Wandels sind neben Ökonomie, Globalisierung, Kultur und Politik, vorrangig technische Innovationen, die dem Oberbegriff „Digitalisierung" zuzuordnen sind. In rascher Folge werden neue Optionen und bislang nicht genutzte Potenziale, offeriert. Dabei sind den konkreten Entwicklungen im Sinne von Kondratjeff langfristige Entwicklungslinien vorgegeben. Die Kondratjeff-Zyklen von Nikolai Kondratjew beschreiben eine zyklische Wirtschaftsentwicklung. Seine Theorie der Langen Wellen in denen innovationsinduzierte Investitionen getätigt werden, besagt: es wird massenhaft in neue Techniken investiert, was einen Aufschwung hervorruft. Mit der Verallgemeinerung rentieren sich damit verbundene Investitionen weniger, es folgt ein drastischer Abschwung. In dieser Abschwungphase wird aber schon an einem neuen technologischen Paradigma gearbeitet.

Lebensalltägliche Bezüge, die Art zu kommunizieren, mobil zu sein, die Welt der Arbeit, der Wert von Qualifikation und der von Bildungsabschlüssen und politische Teilhabe müssen neu gedacht werden. Selbst Partnerschaft wird etwa durch LAP (living apart together; dies betrifft gut jede 10. Partnerschaft) reorganisiert. Technische Innovationen fungieren öfter als Treiber von Veränderung (Kommunikation und Mobilität sind grundlegend für LAP-Modelle). War es vordem die Großtechnologie (beginnend bei der Dampfmaschine), die die gesellschaftlichen Umbrüche der Industriegesellschaft vorantrieb, so sind es heute smarte, digitale Techniken. Diese gestalten den Alltag, erleichtern den Zugang zur Warenwelt. Nie war es einfacher in die Warenwelt in den Konsum einzutauchen. Konsum wird zur Sache des „hier und jetzt", ist entlastet von Zeitperspektiven, von Planungsvorläufen und Bindung. Konsum ist „just now" möglich.

5.2 Digitalisierung übersetzt sich in Kommerzialisierung

Die Digitalisierung und die damit verbundenen Geschäftsmodelle formen die moderne Gesellschaft. Jürgen Habermas spricht von der Kolonialisierung der Lebenswelt. Vor allem sieht er Konflikte zwischen „System" und „Lebenswelt": „Heute dringen die über die Medien Geld und Macht vermittelten Imperative von Wirtschaft und Verwaltung in Bereiche ein, die irgendwie kaputtgehen, wenn man sie vom verständigungsorientierten Handeln abkoppelt und auf solche mediengesteuerten Interaktionen umstellt" (Habermas 1985, S. 189.).

Mit der Digitalisierung verbunden sind ökonomische Ziele der Effektivierung, Flexibilisierung und der Erringung von Zeit- und Kostenvorteilen, in deren Dienst Arbeit, Dienstleistung, Konsum, Wissensbeschaffung und Freizeit neu gestaltet werden. Es sind nicht mehr – wie in Zeiten des deutschen Wirtschaftsaufschwungs und der Massenproduktion des vorigen Jahrhunderts – vorrangig sozialpartnerschaftlich abgestimmte Projekte (also zwischen Arbeitgebern und Gewerkschaften), die als Folie für gesellschaftlichen Fortschritt dienten. Ein tendenziell neo-liberales Entwicklungsmodell wird in eine unausweichlich beschleunigte Technisierung übersetzt. Es bestimmt die gegenwärtige sozio-technische Entwicklung, wobei vielfältige Möglichkeiten der neuen Produktions- und Kommunikationstechniken und der Vernetzung genutzt werden. Im Bereich Konsum ist dies nachvollziehbar. Die Digitalisierung ermöglicht Konsum ohne face-to-face Interaktion. Das Gelingen von Kommunikation wird ganz im Sinne von Niklas Luhmann unwahrscheinlicher. Sie ist für den Konsum auch nicht mehr erforderlich. Es entstehen neue Orte des Konsums „consuming places" (Urry 1995). Solche ‚Consuming places' sind Orte, die sich der Absicht der Kommerzialisierung verdanken. Und es sind, da diese Orte nicht sozial konstruiert sind (was auch Michel Foucault „Of other spaces" aber auch Zygmund Baumann in „Liquide Moderne" ausführt). ‚Nicht-Orte' im Sinne des französischen Philosophen Augè (1995). Ein Kennzeichen dieser Orte ist es, dass Personen über den Zweck den sie hier erfüllen sollen, beschrieben sind (Konsument, Reisender am Airport, Transitreisender). Sie erhalten abstrakte Anweisungen (hier warten, PIN eingeben), wobei die Anweisungen häufig von Maschinen kommen. Was in den 1990ern eher eine Ausnahme war, wird fortschreitend zur Regel. Der Einfachheit halber denken Leser hier an die Nicht-Kommunikation mit der Hotline ihres Providers, sie erhalten Anweisungen was sie tun müssen um im Spiel zu bleiben. Die eigene Inklusion gelingt nur, wenn den Regeln gefolgt wird. Anders als in der Bürokratie, wie sie zunächst Max Weber beschrieben hat, sind diese Regeln nun nicht mehr genereller Art. Vielmehr werden diese Regeln von einzelnen Organisation (Bahn, O2, Telekom, Microsoft usw.) verordnet und deshalb begegnen uns im Internet viele (z. T. konkurrierende) Nutzungsregeln. Im Ergebnis kommunizieren moderne Organisationen nicht mit ihren Klienten, sondern verweisen auf ihre Maschinen und deren Logarithmen und Anwendungen der künstlichen Intelligenz. Organisationen entlasten sich von den Problemen mit Klienten und transformieren sie in organisationsferne Anliegen. Erstaunlich aus der Sicht früherer Konsummuster ist, dass auf diese Weise die Klienten selbst ihren Konsum gestalten und dass sich ganz nebenbei per digitaler Kommunikation die soziale Konstruktion von Gesellschaft verändert. Die Gesellschaft wird flexibilisiert, Sprache, Wahrnehmung und Denken werden verändert. Und zugleich *wird fast alles zu*

Konsum: die Infosuche im Internet, die Speicherung von (Konsum- und Wissens-) Präferenzen als Big Data usw. Neue Formen des Austausches via social media (wie Snapchat oder SnapScratch und lifestage von Facebook, hier bis zum Alter von 21) setzen nicht mehr auf die Kommunikation mit Texten und Sprache, da Bilder und Videosequenzen Sachverhalte bündeln. Bilder sind uneindeutig, offen und der Umgang mit ihnen ist bevorzugt unernst, dies erlaubt spielerische kommunikative Vernetzung. Diese modernen Medien sind geeignet, das Alte beiseite zu räumen, sie halten fortgesetzt Sensationen bereit. Beständigkeit (Tradition) gilt es zu vermeiden. Medien begünstigen vergessen und verschwinden und Beschleunigung. Medien halten immer den Moment fest, er wird statt ihn wahrnehmend zu verarbeiten ignoriert, um ihn sich aufgeschoben, später anzueignen, obgleich moderne Bildinformationen (etwa bei Snapchat) nur befristet lesbar sind. Medien und ihre Nutzung befördern Moden und produzieren Dynamik (Simmel 2014; zuerst 1905; speziell zu Jugendmoden und Jugendkultur Baacke u. a. 1998).

5.3   Generationstypische Umgangsweisen

Die beobachtbare Dynamik gesellschaftlicher Veränderungen erweist sich als Herausforderung für die Gesellschaft. Der Handel ist globalisiert, der Konsum auch. Auffällig werden soziale Veränderungen generationsbezogen unterschiedlich erlebt. Generationen teilen spezifische Erfahrungen. Im Jahre 1928 definierte der deutsche Soziologe Karl Mannheim eine Generation als Erlebnisgemeinschaft und griff dabei auf die Arbeiten von Wilhelm Dilthey zurück. Mitglieder einer Generation teilen demnach zeitgeschichtliche Erfahrungen miteinander, die Bewusstsein, Denken und Handeln formen und die besonders in der Sozialisationsphase wirken.

Jüngere gehen mit Veränderungen anders um als Ältere. Jüngere bemerken ggf. bestimmte Veränderungen im Unterschied zu Erwachsenen gar nicht, weil sie vorgängige Verfahrensweisen und soziale Tatsachen nicht kennengelernt haben. Das Alter kennt sich und vorangegangene Entwicklungen. Jugend kennt sich und die eigene Umwelt soweit sie von Interesse ist. Im Sinn Karl Mannheims entwickelt jede Generation ihren Zugang zur Gesellschaft neu.

Seit Auguste Comte (1798–1857), dem Gründer der Soziologie, wird sozialer Wandel durch Generationswechsel begünstigt. Jugend wird so zum Träger des sozialen Wandels, da sie Neuerungen unbeeindruckt aufgreift. Individuelle Handlungsfähigkeit gründet auf gelungener kultureller Aneignung. Sie ist Umgang mit geteilten Bedeutungen, die die Subjekte Ereignissen und sozialen Settings zuschreiben. Wenn dynamische Anforderungen mehr Gewicht bekommen, dann verändern diese die Gesellschaft in ihrer Weise. Ablesbar ist dies an der Veränderung von Sprache („ich texte dir das dann", für „ich schreibe dir"), den sich entwickelnden Kommunikationsformen, der Verwendung von Technik im Alltag, sowie an den Einstellungen zu Familie, Kindheit, Bildung und Partnerschaft, Freizeit. Je höher die Dynamik der Veränderungen, desto wahrscheinlicher ist die Ausbildung eines ‚*Generations-Gap*'. Die von der Digitalisierung ausgehende Veränderung der Gesellschaft durch New Economy (e-commerce, e-banking, B2C, sharing, selfservice, cloud und clickworking etc.) wird von Jugendlichen und jungen Erwachsenen massiv gestützt (sie nutzen Messenger-Dienste, Apps, sie fahren und wohnen per sharing, sie machen Unfertiges zu einem Produkt, wie es Haug 2009 nennen würde). Diese auf digitaler Technik gründenden Geschäftsmodelle verändern und prägen die moderne Gesellschaft.

In Phasen hohen sozialen Wandels (hier konsumbezogen bemessen an der Nutzungsdauer von Objekten, der Geltungsdauer von Informationen und dem schnellen Veralten von Konsumgütern des Alltags) ist eine Entwertung von erprobtem Handlungswissen und entlastenden Routinen zu verzeichnen (Tully 2014, S. 250). Junge Menschen, die noch kein Handlungswissen ausgebildet haben, verlieren nichts (ebd.). Deshalb richten sich technische Neuerungen im Warenangebot oft explizit nur an jüngere Altersgruppen. Bei der Vermarktung von SMS, Smartphone, Streamingdiensten und anderem werden Heranwachsende als gesellschaftliche „change agents" adressiert. Sie hören andere und anders Musik, lesen andere und anders Texte, nutzen neue Konsumwege. Vor allem benutzen sie neue, nur digital zugänglich Konsumofferten, gelegentlich sind es neue Produkte die im Kontrast zu bestehenden Mustern stehen. Ein Beispiel liefert Uber und der Konflikt mit den Taxiverbänden. Letztere sind noch an das Personenbeförderungsgesetz gebunden und berufen sich auf diese Regelungen. Bei der Vermietung von privatem Wohnraum stehen die Besitzer und Eigentümer von Wohnungen als ungleiche Streitparteien global agierenden Vermietungsplattformen gegenüber. Was technisch möglich ist, etwa die teure Vermietung einer Wohnung, wird nun von anderen Parteien, jedenfalls nicht mehr zwingend vom Eigentümer, realisiert. Auf digitalem Weg werden Klienten ggf. zu Erfüllungsgehilfen einzelner Geschäftssphären (so im On-line-Handel, Provider-Dienste, Reisen, Logistik).

Solche nur digital zugänglichen Konsumangebote gibt es in wachsender Zahl: online Handel, airb&b, Uber, hierzulande Fernbusse, kommerzielle Carsharingangebote. Die ‚Next Generation' agiert mithin jenseits von Tradition, und zwar hoch dynamisch, wobei sie sich am „hier und jetzt" orientiert. Insofern gehören Jugend und Umbruch zusammen. Ihr Alltag wird von neuen Einflussfaktoren des flexiblen Umgangs mit Technik bestimmt. Konsum ist eine Konstante dieses flexiblen Lebensalltags.

Der soziale Alltag heutiger Jugendlicher und junger Erwachsener ist im Vergleich zu dem jugendlichen Alltag ihrer Eltern (also eine Kohorte, die etwa zwischen 1965 und 1975 geboren wurde) deutlich stärker durch Konsum, geprägt. Die allseits genutzten Medien unterstützen diesen Prozess und erlauben ein fortgesetztes Agieren in digitalen und sozialen Parallelwelten. D. h. gelebt wird in „Teil-Welten", die ohne klare Orts- und Zeitbindung auskommen und spielerisch koordiniert werden können. Es gilt technische – Fehlermeldungen, leerer Akku, fehlende Netzabdeckung, Passwort vergessen, Downloadproblem – und soziale Anschlusszwänge zu meiden und vielschichtige kognitive und emotionale Herausforderungen zu bewältigen. In der Regel existiert eine Vielfalt an Verhaltens- und Handlungsmöglichkeiten, was es erschwert, Handlungsfolgen zu antizipieren.

Im Vordergrund stehen technisch avancierte Formen der Vernetzung und Kooperation und, wie bereits erwähnt, finden diese sozialen Prozesse des Austausches in social media, blogs oder in der Spielewelt statt. Spiele sind neben der Produktions- und Arbeitswelt wichtige Promotoren der Chip-Industrie. Im Herbst 2016 kam Pokémon Go auf den Markt, das so inszenierte Massenphänomen wurde zur Basis steigender Absatzzahlen für stärkere (Ersatz)- Akkus, besser Screens, neue Smartphones und Tablets. Konsum und Werbung für den Konsum werden reorganisiert (z. B. streaming Dienste, News, blogs, Haul-Video). Konsumentenschutz, der für Massenmedien entwickelt wurde, etwa werbefreie Sendungen für Kinder, läuft mit „Haul" ist Leere. Der Begriff „Haul" kommt aus dem Englischen und bedeutet in diesem Zusammenhang so viel wie „Beute", „Fang" oder als Verb „einholen" oder „einen Reibach machen". Einem Großteil der Konsumenten dieser Videos ist die kommerzielle Absicht dieser Botschaften nicht klar (Ofcom 2016). Faktisch handelt sich bei vielen ins Netz gestellte Videos um direkte oder indirekte Produktwerbung. Die Protagonisten tun so, als wäre es ein persönliches Anliegen, diese Produkte zu präsentieren. *Regeln des Kinder- und Jugendschutzes werden so umgangen.*

Im Diskurs um die Kompetenzen zur subjektiven Bewältigung der neuen Angebote gibt es neben positiven Wertungen der technisch vermittelten Ermöglichung von neuen Formen des Lernens und der Weltaneignung auch pessimistische Einschätzungen der Folgen einer zunehmend medial vermittelten Realitätsaneignung, etwa die These der Erhöhung von emotionaler Diffusität und Instabilität die Entwertung authentischer Erfahrungen von und in Beziehungen, bzw. die Zunahme von Simulation und virtuellen Beziehungen zu anderen („alone together") und die Schwierigkeit der Herausbildung von Identität als Ergebnis von face-to-face Interaktionen was u. a. Sherry Turkle beschreibt.

5.4   Jugend und Markt

Jugend als besondere Ausformung der sozialen Welt wird in Deutschland erst nach dem zweiten Weltkrieg wahrnehmbar. Jugend als eigenständige Lebensphase gab es vor den späten 1950er Jahre nicht. Heranwachsende wurden als Halbstarke bezeichnet, als unfertig. Sie trugen aber die gleichen Klamotten wie die Erwachsenen, hörten die gleiche Musik. Das änderte sich mit dem Rock'n Roll, der nach Deutschland kam.

Ausdifferenzierung von Jugend als Konsumentengruppe
Jugendliche werden als eigenständige Konsumentengruppe aufgebaut. Zunächst war die Familie Adressat von Werbung. Hilfen bei Kochen und Reinigung sollten der (Haus-) Frau helfen, die Familie bei Laune zu halten. Küchen-, Waschmaschine u. ä. sollten wie die Produkte (Pril, Persil), Familienversorgung erleichtern. Ganz so wie die Zigarette von HB, dem reparierenden HB-Männchen (Werbefigur der 1960er Jahr bis Mitte 1980) Ruhe und Kraft gab, um seine (Reparatur-) Aufgabe im Haus gut zu erledigen. Das Auto des Mannes, das auch nur der Mann fuhr, war das Familienauto, d. h. neben der Fahrt zur Arbeit konnte es für Familienausflüge genutzt werden. Jugendliche fallen aus diesem Familiensetting der Werbewelt heraus, was zur Verselbstständigung der Lebensphase Jugend passt. Der Genrationskonflikt steht für Abgrenzung und Anderssein. Sichtbar wird Jugendsein nun durch eigene Kleidung. Petticoat, Parka, Jeans. Jeans (auf Deutsch Nietenhosen) wurden Trend ab den späten 1950er Jahren. Vorbilder waren Schauspieler wie James Dean und Marlon Brando, die trugen Jeans. Diese durften lange Zeit an Gymnasien nicht getragen werden. Der Besuch des Gymnasiums betraf aber Anfang der 60 Jahre ohnehin nur etwa acht Prozent der Jugendlichen. Der große Rest machte eine Lehre. Nach der Schule und zum Ausgehen gab es auch Chinos, das waren Baumwollhosen, normalerweise in der Farbe Kaki. Eine klare Bügelfalte war obligatorisch. Es gab Werktags- und Sonntagskleidung. Wichtiger war allerdings die Frisur (z. B. Elvislocke), zudem Blousonjacken bei jungen Männern und der Besitz von Fahrzeugen. Anders als in den USA (dort konnten Jugendliche ab 16 Auto fahren, das Autorennen des James Dean Films zeigte dies), gab es hierzulande für den männlichen Jugendlichen ab 16 Jahren allenfalls ein Moped. Das Auto kommt deutlich später, dies dokumentiert eine Werbung für den Opel GT, ein Fahrzeug explizit für junge Menschen. (Der *Opel GT* war ein zweisitziges Coupé-Modell, das die Adam Opel AG von 1968 bis 1973 [103.463 Stück] herstellte.) In der Werbung wurde gezeigt, dass ältere Herren nicht hineinpassten (vgl. Tully 2013, S. 136–150).

5.4.1 Medien und Konsum ab den 1960ern

Die Jugendzeitschrift Bravo spiegelt die Bedürfnisse eines neu entstehenden Marktes wider. Jugend wird Adressat von Werbung. Ab Herbst 1956 gibt es eine erste Zeitschrift in West-Deutschland für jugendliche Leser. Sie sind die Erwachsenen von morgen und die Konsumenten der Zukunft. Als „Zeitschrift für Film und Fernsehen" berichtet „Bravo" Neues aus Hollywood, bringt ab 1959 den Starschnitt (das waren zusammenklebbare Riesen-Poster). Daneben erklärt das „Dr. Sommer"-Team ab den 1960ern mit einer Frage-Antwortseite Liebe, Sex und Zärtlichkeit. Bravo berichtet nicht nur über den Musikmarkt, sondern die Zeitschrift organisiert ihn mit. Die Jugendzeitschrift Bravo wird mit diesen Themen und der Ästhetik der Heftgestaltung tongebend für eine Reihe von Kohorten. Erst ab den 1980ern übernehmen Computer diese Funktion des Trendsettings. Die neue Technik wird mit neuen Mitteln beworben, es werden spacige Bilder z. B. am Atari produziert. Commodore betonte vor allem die Multimediafähigkeiten ihres Rechners: Der Pop-Art-Künstler Andy Warhol wurde zur Demonstration dieser Features angeworben. Er verfremdete Live-Bilder von Sängerin Debbie Harry am Amiga Computer im Popart-Stil. Beworben wurde der Amiga (1985) als ein Stück Hardware, das man in der Wüste von Nevada aus einem abgestürzten UFO geborgen hatte. Der Rechner schwebte im Weltraum (Werbung: „Neben einer hohen Auflösung besticht der Commodore-Rechner dank zusätzlicher Hardware durch eine in dieser Klasse konkurrenzlos schnelle Grafik"). Die digitale Konkurrenz zum jugendnahen Printmedium wird immer deutlicher wahrnehmbar.

Verlängerung der Bildungs- und Jugendphase: Entkopplung von Konsum und eigenem Verdienst

Ab den 1980ern setzt eine Veränderung ein. Sie besteht darin, dass der Erwerb eigenen Einkommens aufgeschoben wurde. Bis in die 1980er ging ein Großteil der Heranwachsenden nach der Schule in die drei oder dreieinhalbjährige Lehre, die mit 14 oder 15 begonnen und mit 17–19 mit dem Erwerb eines Gesellen- oder Facharbeiterbriefs (analog Kaufmannsgehilfenbrief u. ä.) beendet war. Wer eine Ausbildung abgeschlossen hatte, verblieb, wenn auch nicht immer ausbildungsadäquat, im Beschäftigungssystem, bezog also Lohn oder Gehalt. Die Ausbildungsvergütung, die mit Lehrbeginn bezogen wurde, war zugleich erstes selbst verdientes Geld. Die Jugendphase wird aber den 1980er Jahren verlängert, die eigenständige Teilhabe am Konsum auch ohne eigenen Gelderwerb wird möglich. Ausbildung wird zur eigenständigen Lebenslage, so zumindest unsere Diagnose am SFB 101 (Berufs- und Arbeitskräfteforschung), Jugendphase wird eine

Lebensform mit „open End" (Vgl. dazu die Veröffentlichung Tully und Wahler u. a. in der Sozialen Welt und in der Schweizer Zeitschrift für Soziologie aus den 1980er Jahren, in der das Ende des Moratoriums angedacht wurde).

Altersabhängig bekommen Kinder und Jugendliche Taschengeld, werden von den Eltern ‚grundfinanziert', wozu auch die Aufwendungen für Mobilität und Kommunikation gehören (vgl. Tab. 5.1).

Gegenüber früheren Berechnungen (auf Basis von AIDA-Daten, zuletzt vgl. Tully und Santen 2012, 2016), gibt es leichte Verschiebungen. Wichtig ist, dass der alimentierte Status die Teilhabe am Konsummarkt ermöglicht. Freilich ist diese Teilhabe unterschiedlich ausgelegt (vgl. Harring 2016; Brauch u. a. 2016).

Obgleich die ökonomische Selbstständigwerdung aufgeschoben ist, agieren Jugendliche und junge Erwachsene doch ökonomisch selbstständig. Sie leben ihre eigenen Stile, kaufen ihre präferierte Musik usw. Das Konsumangebot für Jugendliche und junge Erwachsene wird merklich ausgeweitet und es entstehen neue Märkte, die sich explizit an Heranwachsende richten. An der breiten Debatte um die Markenbindung Jugendlicher wird dies erkennbar. Die Kaufkraft der unteren Altersgruppen wird vonseiten der Marktforschung systematisch erhoben um sie „auszuschöpfen". Entwickelt wird Konsum als Stilisierung des Selbst. Der Konsum wird symbolisch aufgeladen. Dies ist der Unterschied zur Nachkriegsjugend, der ersten Jugendgeneration die über eigenes Geld verfügt. Ab dem 14. Lebensjahr erhielten viele Jugendliche ein Lehrgeld. Mit diesem trugen sie zum Haushaltseinkommen der Familien bei. Ansonsten sind sie so in die Lage versetzt worden, zu konsumieren: Kofferradio, Zigaretten und Kinobesuche.

Tab. 5.1 Taschengeld von Schülerinnen nach dem Alter - Euro im Monat. (Quelle: DJI-Survey AID:A II 2015; eigene Berechnungen)

| | | | 95 %-Konfidenzintervall | | |
Alter	Mittelwert	Standardabweichung	Untere Grenze	Obere Grenze	n
12	18	18,8	16,4	20,0	430
13	22	14,7	21,1	23,5	588
14	27	20,8	25,5	28,9	589
15	36	28,3	33,3	38,0	569
16	45	28,3	41,8	47,5	558
17	59	63,3	52,7	64,6	436

5.4.2 Gesellschaftliche Inklusion durch Konsum und digitale Kommunikationstechnik

Heute textet die Bauer Group:

> WhatsApp, YouTube, Snapchat, Instagram und Co. spielen im Medienzeitbudget der Jugendlichen eine immer stärkere Rolle. Kein Wunder, denn fast alle Jugendlichen (96 Prozent) haben ein eigenes Smartphone. Die Mehrheit (80 Prozent) hat bis zu 20 Apps aktiv heruntergeladen. Die Social Media-Apps spielen dabei eine große Rolle: 78 Prozent der Mädchen und 66 Prozent der Jungen haben mindestens zwei Apps auf dem Handy installiert, jedes vierte Mädchen sogar mehr als vier. Das sind die aktuellen Ergebnisse einer Umfrage bei Zehn- bis 19-Jährigen im Youth Insight Panel (YIP) von BRAVO. Sie bilden die Dynamik im Nutzungsverhalten der Jugendlichen bei den sozialen Medien ab (http://www.baueradvertising.de/research/bravo-studien/youtube-apps-co).

Bravo präsentiert seit seiner Gründung kontinuierlich neue Daten zum Konsummarkt Heranwachsender.

Die Befunde von aktuellen Marketingstudien (Ikon Kids, YIP von der Bauer Group usw.) unterstreichen die fortgesetzte Bemühung Heranwachsender ihre eigene Einbettung in die soziale Welt via Konsum zu gestalten. Sie liefern starke Deutungen. Das, was signifikant ist, oder gemacht wird, wird über Medien transportiert. Deshalb ist es wichtig, permanent online, immer „connected" zu sein. News, Jobs, Events, die Organisation von Alltag (Mobilität, Uni, Job) werden digital bekannt bzw. realisiert. Der Nahbereich verliert an Bedeutung. Wichtig ist die eigene Erreichbarkeit, deshalb ist es so wichtig, ‚to be connected' und immer parallel (da und dort) zu agieren. Die Individualisierung hat die heutige Jugend erreicht. Individualisierung bedeutet, dass alle Subjekte im Sinne von Ulrich Beck und Elisabeth Beck-Gernsheim für das Gelingen der eigenen Inklusion verantwortlich sind. Die gesellschaftliche Inklusion, erfolgte vordem stufenweise, als Bildungs-, Qualifizierungs- und Berufseinstiegsphase.

Heute ist Inklusion anders angelegt: Einerseits setzt sie biografisch früher ein, wobei das ökonomische System qua Kommerzialisierung (vgl. Tully und Santen 2016) eine gewachsene Rolle spielt. Andererseits gibt es für die Findung des eigenen sicheren Platzes in der Gesellschaft kaum klare Fahrpläne. Noch in den 1980er Jahren wurde mit einem gewissen *„Institutionenbezug"* im Sinne des Vertrauens in staatliche Instanzen, die bei Wechselfällen des Lebens Unterstützung geben, gelebt, denn der (Sozial-)Staat stabilisierte, sicherte ab. Die gesellschaftlichen Rahmenbedingungen waren über *Jugendschutz, Jugendhilfe,* Bildungsangebote und Stipendien gegeben und eröffneten Spielräume für eine Hilfe zur

Entwicklung der Person. Absolventen mit akademischem Abschluss hatten aufgrund ihrer Qualifikation Anspruch auf Arbeitslosengeld oder Arbeitslosenhilfe, sie konnten nicht einfach in unqualifizierte Tätigkeiten vermittelt werden. Gleiches galt für Personen mit Facharbeiterqualifikation. Das heißt ein einmal erreichter sozialer Status wurde sozialstaatlich abgesichert. Die Aneignung von Gesellschaft hat sich im Vergleich zu den Hochzeiten des Sozialstaates verändert, die Sozialisation wird differenzierter gerahmt, Medien spielen biografisch früh mit. Statt überkommener „bewährter" Werte und Normen werden z. T. durch vom Markt transportierte Orientierungen (wie „in" und „out", vgl. Tully und Krug 2011) ersetzt. Beobachtbar wird ein Wechsel von Wertevorstellungen und Selbstdarstellungsformen. Für Digital Natives scheint dies naheliegend zu sein, Selfies stehen für geschicktes ‚posing' und sind Teil alltäglichen „Identitätshoppings". Im Anschluss an Mark Granovetter der „strong" und „weak" Bindungen (engl. ties) unterschied, gewinnen wohl lose sozialen Bindungen Relevanz für die „Digital Natives". Der Sozialisationsfluss von alt zu jung wird in Teilen umgekehrt, Generationenautorität und Generationenlernen werden neu gefasst.

5.4.3   Digital, autonom und clever konsumieren

Nachstehend geht es darum darzustellen, wie Konsum und Jugend heute aussieht. In einem ersten Abschnitt wird aufgezeigt, dass das Netz nicht nur zu zusätzlichem Konsum anregt, sondern Konsummuster, Werbung, die Beschaffung von konsumbezogenen Informationen u. a. m. verändert. Dies ist Gegenstand der Beschreibung des cleveren Konsumenten.

In einem weiteren Abschnitt soll diskutiert werden, ob es berechtigt ist davon auszugehen, dass die derzeit beobachtbare Entwicklung einer Kommerzialisierung des Jugendalltags ungebrochen in die Zukunft extrapoliert werden kann. Einerseits spricht viel dafür, andererseits gibt es durchaus Hinweise darauf, dass künftig auch wieder anderes konsumiert werden kann.

5.4.4   Im Netz clever konsumieren

Mit dem Internet kommen neue Konsummuster auf. Einerseits gibt es nun e-commerce, e-banking usw., das heißt Dienstleistungen werden über digitale Portale zugänglich. Zugleich nimmt die klassische Selbstbedienung neue Formen an. Die Rede ist von der Koproduktion im Netz, d. h. Klienten sind in der Lage, ihre Anliegen (Bestellung, Zahlung, Verwaltung ihrer Konten) selbst zu erledigen.

Kunden kaufen nicht nur, sie kreieren im Idealfall, sie teilen und empfehlen Produkte. So unterstützen sie Unternehmen bei der Gestaltung und Präsentation ihrer Produkte und Dienstleistungen (Alvin Toffler spricht vom „prosumer", ein Zusammengehen von producer und consumer), im virtuellen Raum. Konsum wird zu einem spielerischen Akt. Spaß, Kontakt und Austausch scheinen dazuzugehören. Als vorteilhaft erweist sich dabei, dass das Kommunikations- und Informationsverhalten der jungen Generation ohnehin digitalisiert ist. Eher kennen Kinder und junge Erwachsene traditionelle Informationswege nicht (Beispiel: Fahrplan am Bahnhof). Sie leben ihre eigenen und zudem hochmobilen Lebensstile. Infos und Offerten sind Elemente ihrer Suche nach Erlebnis. Diese müssen schnell lesbar sein, Bilder und Tonelemente changieren. Für das Lesen klassischer Werbung fehlt die Bereitschaft Aufmerksamkeit zu investieren. Es wird online gesucht, Gesuchtes muss rasch und situativ verfügbar, abrufbar sein. Es muss zum Moment passen, darf nicht überfordern, weshalb textbasierte Inhalte als zu komplex angesehen werden. Inszenierung spielt für die Wahrnehmung von Angeboten eine herausgehobene Rolle. Soziale Netzwerke spielen für Arbeit und Beruf wie auch privat eine wichtige Rolle, denn dort sind auf Plattformen, Blogs, Videos u. a. m. verfügbar. Infos für die cleveren Konsumenten in der Infogesellschaft sind bedingt verlässlich.

- Die Informationen zu den Offerten werden mit positiven Messages und zusätzlichen „Incentives" verbunden. Die positive Grundstimmung gehört zum Konsum. Angeboten wird u. a. „Freie Platzwahl" wenn die Reservierung Extrakosten verursacht. Mit leichtem Gepäck zu reisen, steht dafür, es gilt zu vermeiden fürs Reisegepäck extra zu zahlen. Die Sprache der Inszenierung des Angebotes wird spielerisch und flexibel wie das Konsum-Event im Netz selbst.
- Die im Netz zugänglichen Konsuminformationen scheinen eine objektive Basis zu haben und werden in einer überschaubaren Struktur dargestellt. Es gibt Kriterien über die die Produkte beschrieben sind (etwa Akku-Laufzeiten im Smartphone). Über die von Herstellern entwickelten technischen Beschreibungen und Produktinformationen erscheinen die angebotenen Produkte vergleichbar. Es ist aber ein *selbstreferenzielles System in dem sich die Kommerzialisierung selbst evaluiert,* sie organisiert ihre eigene Bewertung. Vor allem aber zeigt sich bei genauerem Hinschauen, dass die Logik der Hinweise zur Selbstevaluierung der Produktqualität auf die Kriterien des Handels zurückgeht. Diese sind nicht zwingend auch die Kriterien der Konsumenten. Ob zum Beispiel die verwandten Bauelemente eines Gerätes gut auf einander abgestimmt sind, ist einer solch allgemeinen Merkmalsliste, die zu Produktvergleichen einlädt, nicht zu entnehmen.

- Klienten sind produktiv. Das heißt sie organisieren sich selbst. Deshalb werden sie auch aufgefordert, das Gelingen und Misslingen ihres Konsums zu evaluieren um ggf. Vorschläge zu unterbreiten. Konsumenten werden hier in eine Expertenrolle für die Unternehmen gebracht. Dabei erheben die zu bearbeitenden Checklisten, die Funktionsfähigkeit ihrer Verkaufsplattformen unter dem Etikett „Kundenzufriedenheit".
- Dieses Konzept des Einbezugs des Kunden ist einerseits von der der Absicht, Kosten für Personal zu sparen getragen, andererseits soll die Autonomie der Klienten auch vor dem Konsumakt im engeren Sinne erhöht werden. Er soll in die Lage versetzt werden, selbstständig Einblick in das Warenangebot zu bekommen und sich eigene Kriterien für die Auswahl zurecht zu legen.

Was macht nun clevere Konsumenten aus?

Moderne clevere Konsumenten sind informiert, sie sind vernetzt mit ihren Peers, die wie sie selbst geschickte Rechercheure sind. Sie teilen Erfahrungen und erleben den eigeninitiativen Konsum als Chance, beim Kauf im Netz selbst produktiv zu sein, d. h. clever, günstig zu kaufen. Die oben genannten Plattformen, Blogs und Haul-Videos sind Teil dieses Strebens nach Vorteilen.

Die Existenz von fortdauerndem, vielfachem Beratungsbedarf, der über die Hilfe im Netz und die von Peers hinausweist, verweist auf die Schwachstellen beim Konsumenten, nicht aber auf die der digitalen Konsumgesellschaft. Wer will sich schon eingestehen, zu doof für Konsum zu sein.

Doch genau auf solch fehlenden Überblick setzen offerierte Geschenke im Netz, Probeabos und Abo-Fallen. Insofern ist Verbraucherschutz wichtig, wenn es Probleme gibt. Cleveren Konsumenten ist Beratung fern, denn die Inanspruchnahme bedeutet ein Eingestehen von Scheitern, clevere Konsumenten sind selbstständig und kennen sich aus; Beratungsbedarf ist das Eingeständnis eines fehlenden Überblicks (Unkenntnis, Inkompetenz).

Bei längerfristigen Kaufentscheidungen sieht es freilich anders. Sie sind nicht nur auf die momentane Situation bezogen und sollen, da es nicht um Wegwerfprodukte geht, tragfähig sein (Versicherungsabschluss, Autokauf, Immobilie u. ä.).

Damit wird auch deutlich, dass sich die Aufgabe der Verbraucherberatung verändert. Es geht immer weniger um Hilfen und Beratung für den Konsum, denn welchen Rat braucht jemand um ein Wegwerfprodukt zu erwerben? Wichtiger wird es, strukturell zu intervenieren um etwa unangemessenen Vertragsbedingungen öffentlich zu machen und einer breiten Diskussion zuzuführen. Es müssen strukturelle Veränderungen thematisiert werden. Beispiel: Die Firma O2 plante die Bewegungsdaten ihrer Kunden zu verkaufen. Dies ist eine Veränderung des Vertragsverhältnisses, auch wenn dies der Provider anders sieht und sehen will.

Einzelne Kunden sind hier machtlos. Sie sind auf strukturelle Unterstützung angewiesen. Selbst die oft beschworene Macht der Sozialen Medien stößt bei Vertragsbindung an Grenzen, spätestens dann, wenn andere Markteilnehmer ähnliches praktizieren.

5.4.5 Mögliche Revisionen im Konsumverhalten

In der aktuellen Untersuchung zu Jugend und Medien ‚JIM 2016' wurden die Jugendlichen gefragt, „ob sie sich überhaupt vorstellen könnten", eine Woche ohne Handy zu leben. Zumindest in der theoretischen Vorstellung scheint dies für viele Jugendliche eine Option zu sein. Vier Fünftel geben an, sie könnten sich eine Woche ohne Handy vorstellen. Hier gibt es kaum Unterschiede im Hinblick auf Geschlecht, Alter und Bildung. Dieser Befund überrascht, er steht in deutlichem Kontrast zu den täglichen Routinen des Gebrauchs digitaler Technik, aber in Kontrast zu den Erwartungen, die eine lineare Verlängerung einmal eingeschlagener Trends unterstellen. Das Beispiel verdeutlicht, es muss und kann nicht davon ausgegangen werden, dass sich einmal erreichte Konsummuster einfach weiterentwickeln würden. Auch aus dem Bereich der Mobilitätsforschung sind vergleichbare Brüche zu berichten. Heute wissen wir, dass Mobilität in Städten von jungen Menschen deutlich häufiger ohne eigenes Auto realisiert wird. Andere Lebensstile, späterer Berufseinstieg, geringeres verfügbares Budget, die andere Aufteilung des Budgets sind dafür verantwortlich. Eine hohe Preissensibilität führt ggf. dazu, nach kostengünstigeren Optionen zu suchen etwa Carsharing und ÖV nutzen statt eigenem PKW (Tully 2011; Tully und Baier 2017).

Mit anderen Worten: eine Neupositionierung in Sachen Konsum ist nicht ausgeschlossen. Sharing spielt eine wachsende Rolle. Einerseits ist Sharing als Geschäftsmodell (Bsp. kommerzielles Carsharing) etabliert. Sharing formalisiert und macht informelle Beziehungen erfolgreich nützlich. Momentan verwertet die sharing economy *Ressourcen wie Freundschaft und informelle Beziehungen,* macht also Immaterielles zu materiellen Gütern (marktförmig). Im Rahmen von Teilen („sharing") werden in Upwork derzeit 12 Mio. registrierte Freiberufler vermittelt, TaskRabbit organisiert Hilfen für Hausputz, Lieferservice u. ä., Airbnb erlaubt das Teilen von Schlafgelegenheiten. Der Unternehmenswert von 24 Mrd. Wert entspricht dem Wert einer großen Hotelkette. Viele Unternehmen (O2, PayPal u. v. a.) versprechen bereits Hilfe und wollen ‚Teilen leicht machen' (so die Werbung von PayPal).

Kenntlich wird an der kommerziellen Organisation von Sharing: Teilen statt Besitzen, Nutzen statt Kaufen ist möglich. Als vordem private Organisationen im Dienste der Umwelt Carsharing etablierten, galt dieser Ansatz als Nischenkonzept. Heute erleichtern Internetplattformen und Social Media den Austausch gebrauchter Güter. Die nächste Generation steht insofern nicht nur für mehr Konsum, sondern möglicherweise auch für eine beginnende Revision beim Konsum. *Reflexiver Konsum wird möglich.* Konsumbezogen perspektivisch zu agieren gelingt am ehesten, wenn Produkte wieder angeeignet werden, denn aneignen meint nutzenbezogene Inbesitznahme erworbener Güter (vgl. Hahn 2016).

Selten durchgeführte qualitativ-ethnografische Erforschungen der Lebenswelt von Jugendlichen zeichnen ein Bild von Konsummustern unterschiedlicher minoritärer Jugendszenen, deren Gemeinsamkeit ein selektiver Konsum ist. Ein Beispiel für diese Forschung ist das Buch der Projektgruppe Wa(h)re Identität (2016), in dem Jugendliche mit anderen, sehr unterschiedlichen Jugendlichen und jungen Erwachsenen Interviews über deren Lebensstil, ihre Werte und die Bedeutung von Geld und Konsum machen, darunter mit vielen konsumfernen Jugendlichen. Vorgestellt wird, z. B., der Student, der sich die Lebensmittel aus der Wegwerftonne der Supermärkte organisiert, ebenso die Anhänger von Tausch- und Secondhandplattformen. Durch den „anderen" Blick auf die Praxis der freiwilligen Einschränkung des Konsums, etwa von Outsidern wie Neo-Hippies oder religiöse Ordensmitglieder, ebenso von Jugendlichen, die sich mit einem bestimmten Lebensstil (zum Beispiel des Bodybuilders, des Skateboarders) stark identifizieren, wodurch sie ihre Ausgaben überwiegend um die Angebote im Umkreis ihres Hobbys konzentrieren, werden starke Annahmen über die hohe Integrationsfunktion des Konsums relativiert. Jugendliche, für die die Gebrauchswertfunktion der Waren in ihrer Alltagspraxis im Vordergrund steht, indem sie mit Tauschhandel, Urban Gardening, Recycling und Upcycling von Produkten das herrschende Muster der Discounteinkäufe und den Modus der umfassenden Aneignung der Warenfülle hintertreiben, reklamieren eine andere Art der Teilhabe an den Ressourcen. Unbedingt etwas besitzen zu wollen verliert bei Teilgruppen der jungen Menschen an Bedeutung, zumal es in der hochmobilen Erwachsenenwelt es einen neuen Trend zum zeitlich begrenzten Leihen von Bedarfsgegenständen gibt (Duretz 2016). Moralisch und rational begründete Kriterien zur Einschränkung des Konsums können auch von überzeugten Käufern von Bio-Produkten oder von Anhängern veganer oder vegetarischer Ernährung ausgehen.

Zwar ermöglicht weiterhin die Warenfülle und die damit verbundene „Multiplizierung der Warensymbolik" (Projektgruppe 2016, S. 16) soziale Distinktion und verschafft das Gefühl sozialen Eingebundenseins durch den gemeinsamen konsumatorischen Akt, gleichwohl erwirbt vielfach nicht derjenige, der etwa mit dem teuersten und neuesten Handy aufwarten kann, soziale Zugehörigkeit, sondern derjenige, der virtuos damit umgehen kann, also z. B. nützliche Apps oder witzige

Youtube Beiträge herunterlädt. Zudem bringen Marken wie Nike Schuhe oder Abercromby & Fitch Kleidung Menschen mit denselben Konsumstilen symbolisch zusammen, sie haben eigentlich nichts miteinander zu tun und können nicht gegenseitige Hilfe oder Solidarität einfordern. Symbole produzieren „letztlich nur Bilder von dem", was ihnen an Bedeutung zugerechnet wird. Sie können ebenso wenig die Bedeutungen selbst einlösen, wie ein Supermann-Kostüm übernatürliche Kräfte verleiht oder einem Fetisch reale Zauberkräfte zukommen. Jugendliche und junge Erwachsene von heute wissen durchaus um die Begrenztheit kommerzieller Integration und Geltungskonsums. „Wahre Freundschaft" beginnt auch für sie jenseits der „Warenfreundschaft" (Projektgruppe 2016, S. 19).

Konsum und Hilfen im Dienste der Konsumentensouveränität 6

Offerten der Warenwelt basieren auf Informationen aus dem Nutzungsverhalten der Vergangenheit oder spiegeln „typische" Konsummuster anderer. Heute werden sie aufgrund von Konsuminformationen durch Algorithmen sichtbar. Anders gesagt, Konsum wird in den Präferenzen der Konsumenten berechenbar. Konsumenten begreifen sich als Souveräne suchen Optionen, die Kommerzlogik des Dargebotenen ist ihnen nicht immer bewusst. Denn Konsum erscheint als Handlungsfeld organisierter Freiheit, zugleich werden Konsumenten gelenkt und ‚angewandt'. Konsum wird organisiert (Werbewirtschaft, Eventmanagement, Kulturindustrie, Events im Netz vgl. Dams und Luppold 2016). Die Investitionen in Werbung beliefen sich im Jahr 2014 auf rund 25,27 Mrd. EUR. Laut Zentralverband der deutschen Werbewirtschaft e. V. (ZAW) lagen die Nettowerbeeinnahmen der Medien im gleichen Jahr bei mehr als 15,3 Mrd. EUR[1]. Der Anteil der Marketingausgaben am Umsatz der Unternehmen liegt im Durchschnitt bei 10 %. Bei Twitter sind es fas 45 %. Für ein iPhone werden rd. 150 bis 200 US$ Produktionskosten kalkuliert (vgl. zdnet 2014), da bleibt eine deutliche Differenz zum Verkaufspreis, um diese Produkte als hochpreisig zu präsentieren. So vermittelt sich die gelebte Kommerzialisierung des Alltags. Ihre konkrete kulturelle Praxis spiegelt „die Logik des Geschäftslebens" (Winter 2015, S. 429). Kommerzialisierung findet ihre Verbreitung über globale medienkulturelle Prozesse (Bilder, Videos, Musik) und Stile (bei Essen, Wohnen, Klamotten). Interaktion wird symbolisch und entsprachlicht. Sie geht nun über in das „symbolisch generalisierte Medium Geld und die Versprachlichung bisher unzugänglicher, insbesondere sakral bedeutungsvoller Aspekte von Lebensweisen" (Winter 2015, S. 434).

---

[1](https://vtldesign.com/inbound-marketing/content-marketing-strategy/percent-of-revenue-spent-on-marketing-sales/).

© Springer Fachmedien Wiesbaden GmbH 2018
C. Tully, *Jugend – Konsum – Digitalisierung,* essentials,
DOI 10.1007/978-3-658-19220-4_6

Auf diese Weise werden alltägliche Lebensbereiche (Mobilität, Unterhaltung, Stilbildung, Sport, Verabredung, Infos zu Events, Kommunikation, Chillen) geldpflichtig. Gerade deshalb müssen Konsum und Geld zum Gegenstand empirischer Sozialforschung und kultursoziologischer Betrachtung werden (vgl. auch Barry 2014; Feil 2003; Bögenhold 2016).

Das sich abzeichnende Dilemma ist folgendes. Einerseits handeln Konsumenten autonom und selbstbestimmt und dies idealerweise auf Basis von vollständiger Information, ganz im Sinne des Leitbilds vom souveränen Konsumenten. Im Sinne der ‚Konsumentensouveränität' einer ökonomischen Denkfigur des rational handelnden Akteurs, sind Konsumenten vollständig informiert. Wettbewerbspolitik soll helfen die Informationen zu verbessern und die Bedingungen der transparenten Konkurrenz herzustellen. Werbung liefert nur bedingt Informationen, auch wenn Konsumenten wählen können, sind ihre Entscheidungen selten souverän. Zwar gibt es diese Denkfigur vom rationalen Handeln seit Adam Smith, wie aber kann Verbraucherpolitik im Sinne des Verbraucherschutzes, Verbraucherinformation liefern und bei der Verbraucheraufklärung helfen? Verbraucherberatung und Verbrauchererziehung wird, das zeigt bereits die bestehende Praxis, kann immer weniger über staatliche Intervention gelingen.

Andererseits entsteht vielfältige Einflussnahme auf diese Konsumakte. Schon der Klassiker der Konsumforschung Jean Baudrillard (zuerst 1970, 2015) führt aus, dass sobald sich nicht mehr die Produktion, sondern der Verkauf als Hürde des Geschäfts auftut. Hier setzt die Konsumforschung ein (vgl. S. 105). Heute erleben wir eine umfassende Dynamisierung der Einflussnahme auf die Konsumenten. Dazu gehören die Vielfalt der Optionen, kurze Abstände in denen neue Produkte aufgelegt werden (also rascher moralischer Verschleiß), personalisierte Werbung, personalisierte Preise im Internet, organisierte Preisschwankungen, persönliche Preisofferten, Preisalarm am Smartphone sobald sich jemand einem passenden Shop nähert, die genaue Kenntnis der Präferenzen der Konsumierenden aus vorangegangen Kaufabsichten u. v. a. m. Die erwähnten Präferenzen, sogenannte Nutzungsprofile, beruhen auf retrospektiven Daten, d. h. sie berücksichtigen keine künftigen Entwicklungen. Vorgeschlagene Kaufoptionen orientieren sich an dem, was die „user und userin" schon praktiziert haben, sie pressen also in vorhandene Konsumentenmuster („die dieses lesen, lesen auch das"; Uniformierung des Konsumenten). Bedeutsam ist, dass dafür individuelle Aufmerksamkeitsleistung abgefordert wird. Denn auch wenn die Nachrichten nicht nützlich, nicht hilfreich sind, so müssen sich die Angesprochenen dazu verhalten, sprich: sie müssen die Information aufnehmen, bewerten und zuordnen und verwerfen.

Auch wenn Konsumenten autonom handeln, so handeln sie heute trotz Informationsvielfalt nicht zwangsläufig auch souverän. Dies wirft die Frage nach Hilfen, nach Unterstützung auf. Es gibt einen Bedarf an Hilfestellungen, nur dieser unterscheidet sich nachdrücklich von dem in der Zeit des Massenkonsums, als Konsumprodukte und Vertriebswege noch durchschaubarer waren. Vor allem hat sich ein Ungleichgewicht herausgebildet, die Konsumenten sind durchschaubarer, nicht aber in gleicher Weise der Konsummarkt für die Konsumenten. *Daraus erwachsen ein neuer Handlungsbedarf und ein Bedarf an Hilfestellung, wie sie moderne Verbraucherberatung leisten soll.*

Zunächst gilt es, stärker die Regelungen in den Blick nehmen. Im Netz müssen Konsumenten immer ‚ex oder hopp' allen Bedingungen zustimmen, Alternativen zu Blankovollmachten können einzelne Konsumenten nicht durchsetzen. Im Dienst der Souveränität der Person gilt es, die Folgen und Nebenwirkungen von Konsum zu identifizieren. Das ökonomische Ideal von der Markttransparenz, also das von der Durchschaubarkeit von Märkten, wird im Netz tendenziell vorrangig für Verkäufer eingelöst, denn Konsumverhalten und -präferenzen sind mess-, durchschau- und planbar. Mithin befindet sich das Ideal der Markttransparenz in einer Schieflage, da nur eine Seite alle Informationen besitzt und aufbereiten kann, die andere aber nur solche, die ihr zugeteilt werden. Auch dies ist eine strukturelle, nicht individuell lösbare Aufgabe.

Das Phänomen mit der Berechenbarkeit hat bereits Max Weber beschrieben, es ist also nicht ganz neu. Wie aber jüngere Überlegungen, etwa die des Kultursoziologen Georg Ritzer und des früheren FAZ-Herausgebers Frank Schirrmacher (2013) zeigen, war die Berechenbarkeit noch nie so präzise wie heute. Ritzer (1993) zeigt dies exemplarisch am globalisierten Unternehmen McDonalds entlang von vier Dimensionen: Effizienz, Berechenbarkeit, Vorhersehbarkeit und Kontrolle. Diese gelten an jedem Ort der globalisierten Welt. Die Berechenbarkeit eröffnet neue Handlungschancen für Verkäufer. Ihre Durchsetzung signalisiert einen Abbau an Chancengleichheit, Souveränität und Selbstbestimmtheit des Tuns der Konsumenten, deren Denken und Verhalten organisiert werden (vgl. Ritzer 1993, S. 18 f.).

In den Blick zu nehmen wäre weiter die Souveränität über die eigenen Daten, die von Jugendverbänden, aber auch schon im 14. Jugendbericht (aus dem Jahr 2013) gefordert wurden und gewahrt werden soll. Der 15. Jugendbericht spricht von „infrastrukturelle Zumutungen" (S. 305 f) und führt aus, dass die „anonymen ‚Big Data-Muster' sich negativ auf die „Persönlichkeitsentfaltung des Einzelnen und die freie Kommunikation und Willensbildung" auswirke" (ebd. S. 306).

Absehbar gibt es zu den sich abzeichnenden *kulturellen und ökonomischen Veränderungen durchaus neue Fragen.* Hinzukommen sollten Überlegungen zu einer neuen Praxis in der Beratung. Dazu gehörten m. E. Überlegungen wie eine „peergestützte und -orientierte" Beratung möglich gemacht werden kann. Peers, also Altersgleiche haben eine gemeinsame Sprache, ggf. auch ähnliche Problemdefinitionen. Vor allem wissen sie, dass eine situative Umgangsweise unabdingbar ist. Eher zum Feld der Forschung gehört es, Wege zu suchen um punktuelle Reflexionen von Gruppen (Veganer, slow food, entschleunigt leben, Ökos usw.) zu identifizieren und zu untersuchen, ob sich neue Trends abzeichnen. Anzuregen wären hierfür gruppenbezogene ethnografische Studien, wobei sich die Gruppen über unterschiedliche Lebensentwürfe (Familienzentriert, bodybuilding, vegan, ländlich Leben, vernetzte Urbane usw.) bilden lassen.

Nicht alles was technisch möglich wird, muss erlaubt sein (z. B. Big Data). Damit ist gemeint, aus soziologischer Sicht ist es klar, dass sozialer Wandel veränderte soziale Verhältnisse mit sich bringt. Allerdings sollte hier auf Ausgleich Wert gelegt werden. Wenn Unternehmen ihre Geschäftsschwerpunkte neu setzen, dann muss auch durch Verträge gebundenen Klienten Flexibilität zugestanden werden. Wenn Provider ihren Service, der ja Teil des Kontrakts ist, verändern, wenn hier Einsparungen zulasten der Klienten vorgenommen werden, warum können dann Klienten nicht wechseln, sondern bleiben über die komplette Vertragslaufzeit gebunden?

Untersuchungen zu Transformationen im Feld des Konsums. Dazu gehören u. a. Werteverschiebungen durch Globalisierung von Geschäftszweigen. Befördert Konsum im Land noch nationales Volkseinkommen? Bedeutet vermehrter Selfservice nur Aufgaben, Verantwortlichkeiten, Rechtsfolgen eines Geschäfts oder auch Umverteilungen von Zeitverbrauch und Gewinn? Auffällig sind solche Umverteilungen bereits bei der Formalisierung und Ökonomisierung von privaten Beziehungen durch kommerzielles Sharing (Airbnb, Uber). Gegenentwürfe sollten deshalb danach suchen, wie ethischer, entschleunigter und stressfreier Konsum ermöglicht wird. Wie sieht eine Konsumgesellschaft unter den Bedingungen extremwachsender Ungleichheit (und wachsender Verschuldung) aus? Wir wissen um das Wachstum an Armut bei der nachwachsenden Generation und auch um ein aufkommendes neues Spannungsverhältnis: das von Konsum und Vorsorge.

Generell sollten Jugendliche, die über ihre Konsumbedürfnisse reflektieren und verlässliche Informationen anlässlich eines intransparenten Marktes suchen, gestärkt und unterstützt werden, allerdings kostenlos und mit den ihnen bekannten Medien. Was spricht gegen neue Wege in der Verbraucherberatung, etwa über die Entwicklung einer Verbraucherberatungs-App, gegen Blogs, in denen Jugendliche (gestützt auf das geballte Wissen der Verbraucherberatung) Informationen über Telefontarife u. a. technische Angebote geben, oder auch über lokale Tausch- und Flohmärkte berichten, oder Hotlines, deren jugendliche Betreiber kurze Produktinformationen übermitteln und bei Fällen, bei denen sie selber noch recherchieren müssen, die Garantie geben, innerhalb weniger Stunden zurückzurufen? Diese und andere mögliche Optionen könnte man mit Fokusgruppen von Jugendlichen entwickeln und die vielversprechendsten von ihnen in einer zeitlich begrenzten Testphase ausprobieren.

Literatur

Augé, M. (1994). *Nicht-Orte*. München: Beck.

Baacke, D., Volkmer, I., Dollase, R., & Dresing, U. (1988). *Jugend und Mode*. Opladen: Leske + Budrich.

Barry, D. (2014). *Die Einstellung zu Geld bei jungen Erwachsenen*. Wiesbaden: Springer.

Baudrillard, J. (2015). Die Konsumgesellschaft. In K.-U. von Hellmann, D. Schrage (Hrsg.), *Ihre Mythen, ihre Strukturen*. Wiesbaden: Springer (Erstveröffentlichung 1970).

Beck, K., Büser, T., & Schubert, C. (2016). *Mediengenerationen. Biografische und kollektivbiografische Muster des Medienhandelns*. Konstanz: UVK.

Behrens, P., & Rathgeb, T. (Hrsg.) (2016). *JIM 2016 – Jugend, Information, (Mulit-)Media. Basisstudie zum Medienumgang 12-19-Jähriger in Deutschland. Medienpädagogischer Forschungsverbund Südwest*. Stuttgart.

Bertram, H., Rösler, W., & Deuflhard, C. (2015). *Die überforderte Generation*. Leverkusen: Budrich.

Bögenhold, D. (2016). *Konsum: Reflexionen über einen multidisziplinären Prozess*. Wiesbaden: Springer VS.

Braun, A., et al. (2012). „Big Mac im Mondschein". Essen und die Bedeutung von Geld im Jugendalter. *Zeitschrift für Sozialpädagogik, 14*(3), 287–301.

Bundesministerium für Arbeit und Soziales (2015). *Grünbuch Arbeiten 4.0*, Berlin.

Der Paritätische Gesamtverband. (Hrsg.) (2016). *Zeit zu handeln. Bericht zur Armutsentwicklung in Deutschland*.

Feil, Ch. (2003). *Kinder, Geld und Konsum*. Weinheim: Juventa.

Foucault, M., & Miskowiec, J. (1986). Of other spaces. *diacritics, 16*(1), 22–27.

Franke, M. K. (2014). *Der Konsument. Homo Emoticus statt Homo Oeconomicus?* Wiesbaden: Springer.

Fridrich, C., Hübner, R., Karl Kollmann, K., Piorkowsky, M. B., & Tröger, N. (2017). *Abschied vom eindimensionalen Verbraucher*. Wiesbaden: Springer.

Gaschke, S. (2011). *Die verkaufte Kindheit: Wie Kinderwünsche vermarktet werden und was Eltern dagegen tun können*. München: Pantheon.

Habermas, J. (1985). *Die neue Unübersichtlichkeit*. Frankfurt a. M.: Suhrkamp.

Hahn, H. P. (2016). Aneignung und Domestikation. In D. Hohnsträter (Hrsg.), *Konsum und Kreativität* (S. 43–60). Bielefeld: Transcript.

Hartwig, M. (2016). Freizeit und Geld. *Zeitschrift für Sozialpädagogik, 14*(3), 267–286.

© Springer Fachmedien Wiesbaden GmbH 2018

C. Tully, *Jugend – Konsum – Digitalisierung,* essentials,

DOI 10.1007/978-3-658-19220-4

Haug, W. F. (2009). *Kritik der Warenästhetik: Gefolgt von Warenästhetik im High-Tech-Kapitalismus*. Frankfurt a. M.: Suhrkamp.

Henning, C. (2012). Hotelbuchungsportale: Provisionen von 10 % bis 50 %. Onlineartikel erschienen auf der Website „Hottelling". http://hottelling.net/2012/03/20/hotelbuchungsportale-provisionen-von-10-bis-50/. Zugegriffen: 04. Jan. 2017.

Hurrelmann, K., & Albrecht, E. (2014). *Die heimlichen Revolutionäre*. Weinheim: Beltz.

Jäckel, M. (2011). *Einführung in die Konsumsoziologie: Fragestellungen – Kontroversen – Beispieltexte*. Wiesbaden: VS.

JIM. (2016) – Jugend, Information, (Multi-) Media. Basisstudie zum Medienumgang 12- bis 19-Jähriger in Deutschland. (Hrsg.), *Medienpädagogischer Forschungsverbund Südwest*. Stuttgart.

Kinder- und Jugendbericht. (2013). Bericht über die Lebenssituation junger Menschen und die Leistungen der Kinder- und Jugendhilfe in Deutschland. (Hrsg.), *Bundesministerium für Familie, Senioren, Frauen und Jugend. Referat Öffentlichkeitsarbeit*. Berlin.

Maschke, S., Stecher, L., Coelen, T., Ecarius, J., & Gusinde, F. (2013). *Appsolutly smart. Ergebnisse der Jugendstudie*. Bielefeld: Leben.

Morgenstern, I., Fieber-Martin, K., Rosenstengel, L. (2014). Jenaer Kinder- und Jugendstudie 2014. Abschlussbericht. (Hrsg) *Organisationsberatungsinstitut Thüringen – ORBIT e. V.*, Jena.

Muster, V. (2014). Wenn Mitarbeiter als Konsumenten produktiv sind. *Soziale Welt, 65*(3), 227–291.

Ofcom. (2015). Children and Parents: Media Use and Attitudes Report. https://www.ofcom.org.uk.

Projektgruppe Wa(h)re Identität. (2016). *Hol ich mir. Geld, Konsum und Geltung*. Berlin: Archiv der Jugendkulturen Verlag.

Reisch, L., Büchel, D., Joost, G., & Zander-Hayat, H. (2016). Digitale Welt und Handel. Verbraucher im personalisierten Online-Handel. *Veröffentlichungen des Sachverständigenrates für Verbraucherfragen, 1*(49), 18.

Ritzer, G. (1993). *The McDonaldization of society: An investigation into the changing character of contemporary social life*. Thousand Oaks: Pine Forge Press.

Rosenmayer, L. (1976). Jugend. In R. König (Hrsg.), *Handbuch der empirischen Sozialforschung* (Bd. 6). Stuttgart: Ferdinand Enke Verlag.

Schirrmacher, F. (2013). *Ego: Das Spiel des Lebens*. München: Blessing.

Simmel, G. (2014). Philosophie der Mode. Georg Simmel: Philosophie der Mode/Zur Psychologie der Mode. Zwei Essays Edition Holzinger Berlin (Erstveröffentlichung 1905).

Tully, C. (2004). Arbeitsweltkontakte von Schülerinnen und Schülern an allgemeinbildenden Schulen. Empirische Befunde zur Verbindung von Schule und Job. *Zeitschrift für Soziologie der Erziehung und Sozialisation, 24*(4), 408–430.

Tully, C. (2011). Mobilisierung des Mobilen. *Nahverkehr, 2011*(7–8), 12–15.

Tully, C. (2012). Jugendliche auf dem Weg zu nachhaltigerem Konsum. In M. Freytag (Hrsg.), *Verbraucherintelligenz: Kunden in der Welt von morgen* (S. 211–224). Frankfurt a. M.: FAZ-Verlag.

Tully, C. (2013). Konsum im Jugendalltag zwischen Moden und Nachhaltigkeit. In E. Spieß (Hrsg.), *Konsumentenpsychologie* (S. 137–150). München: Oldenbourg.

Tully, C. (2014a). Generationen: Von‚ unter Druck' bis gestalterisch aktiv. (Rezension zu Jugend). *Diskurs Kindheits- und Jugendforschung, 2014*(4), 477–484.

Tully, C. (2014b). *Schattenspiele – Technik formt Alltag*. Weinheim: Beltz.

Tully, C. (2016). Konsum und informelles Lernen. In M. Harring, M. D. Witte, & T. Burger (Hrsg.), *Handbuch informelles Lernen* (S. 475–492). Weinheim: Juventa.

Tully, C., & Baier, D. (2017). Mobilitätssozialisation. In O. Schwedes (Hrsg.), *Verkehrspolitik. Eine interdisziplinäre Einführung*. Wiesbaden: Springer.

Tully, C., & Gadow, T. (2013). Veränderungen des Alltags junger Erwachsener und deren Gesundheitsverhalten. *Impulse für die Gesundheitsförderung, 2013*(78), 3–4.

Tully, C., & Krug, W. (2011). *Konsum im Jugendalter – Umweltfaktoren, Nachhaltigkeit, Kommerzialisierung*. Schwalbach: Wochenschauverlag.

Tully, C., & Krug, W. (2013). Junge Menschen und nachhaltiger Konsum: Empirische Befunde zum Konsumhandeln Jugendlicher und junger Erwachsener. In G. Michelsen & D. Fischer (Hrsg.), *Nachhaltig konsumieren lernen. Ergebnisse aus dem Projekt BINK („Bildungsinstitutionen und nachhaltiger Konsum") (Innovation in den Hochschulen - Nachhaltige Entwicklung,)* (Bd. 11, S. 73–104). Homburg: Verlag für Akademische Schriften.

Tully, C., Krug, W., & Wienefoet, V. (2011). Jugendkonsum in globalen Handlungsbezügen. *ZEP – Zeitschrift für internationale Bildungsforschung und Entwicklungspädagogik, 34*(4), 13–19.

Tully, C., van Santen, E. (2012). Das verfügbare Geld im Jugendalltag von 13- bis 17-jährigen Schülern und Schülerinnen: Empirische Ergebnisse. *Diskurs Kindheits- und Jugendforschung, 2012*(2), 197–211.

Tully, C., & van Santen, E. (2015). Nebenjobs von SchülerInnen. Empirische Befunde aus Deutschland im Vergleich zu anderen Ländern. *Unser Jugend, 3*(67), 125–136.

Tully, C., van Santen, E., & Fillisch, B. (2015). Combining school with part-time work: Empirical findings from Germany. *Papers, 100*(2), 237–258.

Urry, J. (1995). *Consuming places. psychology*. Routledge: London.

Winter, C. (2015). Kommerzialisierung. In A. Hepp, F. Krotz, S. Lingenberg, & J. Wimmer (Hrsg.), *Handbuch cultural studies und medienanalyse* (S. 427–438). Wiesbaden: Springer.

Zdnet. (2014). http://www.zdnet.de/88206571/herstellung-des-iphone-6-kostet-200-dollar/.